融合教育实践系列

Yes We Can !
General and Special Educators Collaborating
in a Professional Learning Community

融合教育中的教师协作

专业学习共同体（PLC）教学实践

[美]希瑟·弗里泽尔（Heather Friziellie）
[美]朱莉·A.施密特（Julie A. Schmidt） / 著
[美]珍妮·斯皮勒（Jeanne Spiller）

覃志慧 / 译

致　　谢

　　我有幸与杰出的教育工作者、行政人员、董事会成员、家长，以及我最重视的基尔迪尔乡村社区融合学校第96学区（Kildeer Countryside Community Consolidated School District 96）的学生们一起工作。每一天，我都为同事们的职业道德、知识储备、创新精神、对专业学习共同体（PLC）实践的全力投入，以及确保我们系统中的所有学习者都能取得成功的热情所震撼和鼓舞。我每天都向他们学习，也庆幸能成为这样一个了不起的学区中的一员。就我个人而言，我要感谢我的丈夫肖恩（Shaun），以及我的孩子凯蒂（Katie）、布莱登（Braden）和泰勒（Taylor），你们是我源源不断的灵感和生命之光。你们每个人都使我成为更好的自己，我对你们的爱超乎你们的想象。最后，我要感谢我的父母，感谢你们一路以来对我的信任，感谢你们教会我在成长过程中把挑战视为机遇。

——希瑟（Heather）

　　成为一名学区主管并不是我曾经的理想，直到我加入了基尔迪尔第96学区的大家庭。和大多数成员一样，我热衷并致力于持续进行的、了不起的专业学习共同体（PLC）工作，我们一直在努力地深度融入这项工作。正是这项工作和组织中各个层面的卓越人才改变了我的想法和内心。我有幸认识和服务的教师、辅助人员、行政人员和教育委员会成员，他们每天都在提醒我，所有学生都能获得高水平的成功，只要他们周围的成年人相信他们能行，并为他们提供必要的支持。我很感谢我的父母，他们高度信任公共教育，也从不吝啬表达以我为骄傲。但没有人比我的丈夫罗布（Rob）和我的女儿莉莉（Lily）更清楚我对这项工作的投入程度，我真的很爱他们。他们愿意与我分享，他们给予我坚定不移的爱、支持和耐心，这一切使我成为一位更好的教育工作者、妻子、母亲，也成为更好的人。

——朱莉（Julie）

我教学生涯中最美好的时光是与埃米·莉莉（Amy Lilly）共同任教的三年，她是一位敬业的特殊教育教师。埃米和我一起着手确保我们课堂上的每名学生都能达到较高的学习水平。我们对全体学生都抱有很高的期望，而他们每个人都达到了这些预期。当然，努力工作，并不总是那么容易，但看着我们的学生学有所获并真正地茁壮成长起来，我意识到，全面而细致地进行规划，为他们提供适度的支持和支架式教学，是值得的。谢谢你，埃米！这段经历塑造了我，使我成为一名教育工作者，也开启了我写这本书的旅程。

我认为自己非常幸运能在这样一个学区工作，在这里我们每天都为实现理想而奋斗。感谢汤姆·曼尼（Tom Many）和克里斯·杰基奇（Chris Jakicic）对我的信任，让我有机会在基尔迪尔第96学区投入我对教与学的热情。我还要感谢我的合著者希瑟和朱莉，他们在整个写作过程中提供了深思熟虑的见解、反馈和支持。

最重要的是，感谢我的丈夫戴夫（Dave）、我的儿子布兰登（Brandon）和我的女儿布雷顿（Breton），无论如何你们总会鼓励我、爱着我。

——珍妮（Jeanne）

目 录

序言 提高所有学生的成绩 1

第一部分 共同协作，缩小差距 1

第一章 特殊教育的历史与现实 2
第二章 融合教育下的团队协作 12
第三章 形成共同的学习期望 23

第二部分 聚焦学习成果，缩小差距 31

第四章 确定所有学生的学习内容 32
第五章 设计符合标准的教学方案 51
第六章 确定评估准则 61
第七章 规划目标与监测进度 67
第八章 如何应对学生没有掌握知识的情况？ 79

附录 A 可复制使用的材料工具 89
附录 B 术语表 97
关于作者 101

序言　提高所有学生的成绩

> 如果孩子不能按照我们教的方法去学习，那么我们就必须用一种孩子能学习的方法去教。
>
> ——佚名

在与美国各地的学校和学区携手合作，通过实施专业学习共同体（professional learning community, PLC）的实践来提高所有学生的成绩时，我们对特殊教育在专业学习共同体实践过程中的角色和定位缺乏明确的定义和目标而感到震惊。

鉴于普通教育学生和特殊教育学生能达到的成绩存在明显而普遍的差距，本书的目的是探究普通教育和特殊教育之间的协作伙伴关系，了解其如何最大限度地促进所有学生的学习。随着美国国家和所有学校系统开始采取更严格的标准，本书将专注于应用专业学习共同体的实践方法，使特殊需要学生和特殊教育工作者能充分参与对接标准的课程规划与实施、教学以及评估工作。这些目标会通过专业学习共同体的核心原则进行探讨，并概述具体的策略和方法，以便读者不仅能运用书中的内容，同时还能加深对特殊教育如何融入专业学习共同体的理解。

专业学习共同体专家理查德·杜福尔（Richard DuFour）、丽贝卡·杜福尔（Rebecca DuFour）、罗伯特·伊克（Robert Eaker）和托马斯·W. 曼尼（Thomas W. Many）（2010）将专业学习共同体定义为：

> "一个持续进行的过程。在这个过程中，教育工作者通过协作一次又一次地参与集体探究和行动研究，从而帮助他们所服务的学生取得更好的成绩。专业学习共同体的运作基于这样一个基本假设，即提高学生学习水平的关键，在于教育工作者持续性的岗位嵌入式学习。"（p. 11）

另外，他们指出，专业学习共同体的实践在三个理念（聚焦学习、协作文化和成果导向）和四个关键问题的指导下进行。

1. 我们希望学生掌握哪些内容？
2. 我们如何判断学生已经掌握了？
3. 当部分学生没掌握的时候，我们要如何应对？
4. 当部分学生提前掌握了某项知识时，我们要如何应对？

接下来，我们会把专业学习共同体的这些原则称为"**三个理念**"和"**四个关键问题**"。

我们认为，在专业学习共同体的工作中，对于如何将特殊教育纳入其中，缺乏明确的预期，更重要的是，对如何才能对那些风险最大的学生的学习成绩产生积极影响，我们也没有明确的预期。我们经常发现，特殊教育既没有被纳入协作过程，在回答四个关键问题的工作中也没有受到重视。我们还认识到，将特殊教育纳入专业学习共同体过程的所有环节，这需要在观念和结构体系上进行重大转变。我们会讨论观念的转变，并概述调整结构的关键步骤，以符合"**所有学生都能学会**"这一理念。

本书的结构

本书由两个部分构成：（1）通过协作缩小差距；（2）通过聚焦学习和成果来缩小差距。每个部分都提供了专业学习共同体工作团队需要掌握的关键信息，以打造适合**所有**学生的学习环境，以及对在集体协作中推进工作的关键因素进行总结，帮助特殊需要学生缩小差距。

第一部分包括第一至三章，重点介绍了普通教育和特殊教育之间出现壁垒的历史背景，以及专业学习共同体如何通过转变观念建立所有学生学习的共同责任文化。第一章回顾了美国特殊教育的发展历史，帮助读者理解影响特殊教育的相关立法、政策和变革。第二章通过说明普通教育工作者和特殊教育工作者之间的强力协作如何帮助差异最明显的学生（即高风险或有严重障碍的学生群体）缩小学业差距，提出了一种打破普通教育和特殊教育分化状态的替代方案。本章解释了在中小学阶段可能采取的几种团队协作形式，以确保普通教育工作者和特殊教育工作者能够齐力协作，共同提高所有学生的学习成绩。第三章指导教育工作者共同承担所有学生的责任，并概述了教育工作者可采取的三个行动步骤，从而为所有学生提供有保障且可行的课程。

第二部分包括第四至八章，展示了专业学习共同体内部的协作团队如何通过聚焦学习和成果来缩小不同学生的学业差距。本部分以三个理念和四个关键问题为基础，指导普通教育工作者和特殊教育工作者如何调整教学方案、规划评估、制定目标和监测进展，以确保所有学生都能获得学习所需的支持。第四章探讨了普通教育工作者和特殊教育工作者在确定学生应掌握的知识和能力这一过程中发挥的作用。为了帮助教育工作者达成共识，本章提供了帮助团队拆解标准的工具，以确定学习目标。第五章根据拆解过程中确定的学习目标，提出了设计适用于所有学生标准的教学方案，以及为特殊需要学生调整教学方案的策略。第六章展示了协作团队如何为所有学生统一基于标准的教学和评估。第七章中的附件旨在辅助协作团队利用评估数据规划、细化目标和监测进展。第八章概述了干预反应模式（RTI）的结构和实践，介绍了当学生未能掌握学习内容时团队的应对方法。

本书结尾有两个附录。附录 A 提供了各章节中可复制的工具和模板。附录 B 是讨论专业学习共同体、干预反应模式、特殊需要学生以及相关主题时常用的词汇表。如果你对此有所了解，就会知道术语和首字母缩略词的使用在特殊教育领域特别普遍。因此，它在教学的领域也很普遍。请注意，在本书中，我们选择使用特殊需要学生（students with special needs）这个术语。

充分利用这本书

本书适用于普通教育教师、特殊教育教师、相关服务提供者、校长和办公室核心行政人员。无论读者是希望致力于通过实践专业学习共同体原则来积极影响学生的学习，还是严格专注于缩小学业差距，本书的内容都具有一定的指导意义和相关性。通过此框架，无论是特殊教育工作者还是行政人员，都同意这项工作对于他们的适用性，也同意特殊教育在当前的体系中无法实践专业学习共同体方法。需要明确的是，我们在本书中讨论的策略适用于所有学生；然而，本书的重点在于研究那些能够支持特殊需要学生的实践方法。只有当我们开始努力转变观念、重构组织结构以及真正以所有学生的学习为核心进行高水平协作时，我们才能帮助他们在缩小学业差距方面取得稳定且持续的进展。

第一部分

共同协作,缩小差距

第一章
特殊教育的历史与现实

尽管特殊教育确实为公民的权利和法律保障方面奠定了基础，但特殊需要学生仍是最容易被边缘化的群体。这些事实揭示了教育改革的紧迫性已经不容置疑。

——卓越特殊教育总统委员会

卓越特殊教育总统委员会（Presidents' Commission on Excellence in Special Education）报告（2002）中所揭示的紧迫性对于我们的高风险学生群体而言并未消散。事实上，在旧有标准和不那么严格的责任评估下，为缩小这一差距，我们所做的尝试进展近乎零。美国各地的学区正极力推进面向所有学生的更严格的新学习标准的实施。这种更高水准的责任制度，既对那些在改进工作中停滞不前的学校构成了挑战，也对那些表现优异的学校提出了考验。随着标准越来越高，缩小最弱势学生群体与其他学生的差距似乎也变得越来越遥不可及。在更严格的学习标准下，学校如果没有提供足够的支持，学生（尤其是特殊需要学生）很可能掉队，他们会陷入低期望、学习困难和学业失败的恶性循环之中。作为教育工作者，我们深知，那些在学校里长期面临困难的学生，在未来的成年生活中往往会面临经济和社会生活方面的种种挑战。因此，学校必须确保所有学生都能学到东西，包括接受特殊教育的学生。

历史数据显示，特殊需要学生的"高中辍学率是同龄人的两倍"，而其高等教育入学率则"比普通学生低近50%"（President's Commission, 2002, p.3）。尽管"有学习障碍的学生辍学率从2002年的35%下降到2011年的19%"（Cortiella & Horowitz, 2014），但在这个时间段内，学生总体的辍学率也从10.5%下降到了7.1%（Stark, Noel, & McFarland, 2015）。值得注意的是，多年以来，联邦问责体系几乎没怎么关注特殊需要学生在核心学科上的进展，也很少关注他们是否掌握了足以使自己不再需要特殊教育服务以及合理便利的技能（Lyon 等人，2001）。特殊教育管理者表示，尽管特殊教育领域存在负担过重的审查问题，但他们不需要报告某一年度有多少学生不再符合接受服务的条件。实际上，在符合特殊教育服务资格的学生中，只有极少数会真正脱离支持体系。一些研究人员指出，"阅读水平落后于同龄人两年或两年以上的特殊需要学生，预计会维持这种差距，甚至落后得更多"（Denton, Vaughn, & Fletcher, 2003, p. 203）。因此，尽管美国各地的学校都在努力为学生提供最密集的支持，但学业差距仍在继续扩大。根据全国性责任评估的数据，过去长达 30 年的时间里，普通教育学生和特殊教育学生在阅读和数学方面的成绩差距分别已经达到了 40% 和 50%，甚至在一些特殊教育服务做得好的地区也是如此（National Center for Education Statistics, 未注明日期）。令人担忧的是，少数族裔学生在部分特殊教育类别中的确诊比例存在系统性偏差，自《残疾人教育法》（*Individuals With Disabilities Education Act*, IDEA）颁布至 2006 年，确诊为有特定学习障碍的特殊教育学生数量激增了 300% 以上，而干预反应模式（Response to Intervention, RIT）立法通过后，该数据已呈现下降趋势（Cortiella & Horowitz, 2014; President's Commission, 2002）。

谁是特殊需要学生？

在我们深入讨论如何保障所有学生都能达到较高的学习水平之前，让我们先了解一下特殊需要学生的情况。表 1.1 显示了截至 2011 年，美国教育部（未注明日期）特殊教育办公室数据库报告中各项资格类别下接受服务学生的分布情况。

表 1.1 表明，根据诊断标准，这些学生大多数并没有明显的认知障碍（McNulty & Gloeckler, 2011）。更具体地说，这些接受诊断的学生中，80%~85% 没有认知障碍（Cortiella & Horowitz, 2014）。遗憾的是，美国国家学习障碍中心（National Center for Learning Disabilities）在 2012 年进行的一项调查结果表明，43% 的公众错误地认为学习障碍与智商或智力有关。这项调查的结果促使我们反思对学习障碍学生学习潜力固有的看法（Cortiella & Horowitz, 2014）。鉴于人们对残障学生的误解，我们有必要执行两方面的任务：（1）必须改变我们的做法，确保学生达到较高的学习水平；（2）推动深层次的教育文化转变。

表 1.1　美国特殊需要学生的分布情况

障碍类型	百分比
学习障碍	42%
言语或语言障碍	19%
其他健康障碍	13%
智力障碍	8%
孤独症	7%
情绪障碍	6%
所有其他障碍	5%

资料来源：McNulty & Gloeckler, 2011; U.S. Department of Education, 未注明日期。

卓越特殊教育总统委员会

尽管我们还有很长的路要走，但早在多年之前教育界已开始朝着上述两项任务目标迈出了步伐。2001年10月2日，乔治·W. 布什（George W. Bush）总统成立了卓越特殊教育总统委员会。2002年7月，该委员会发布了名为《一个新的领域：重构面向儿童及其家庭的特殊教育体系》（A New Area: Revitalizing Special Education for Children and Their Families）的调查报告，在其中公布了调查结果和意见。了解特殊教育的历史背景对于理解这些建议背后的原因至关重要，该报告中提出了一些关键的变革议题。

该委员会的调查结果显示，通常情况下，学生获得特殊教育资格往往会成为终点，而不是更有效的教学和精准干预的起点。该报告指出，能完成以下几点的学生寥寥无几：符合特殊教育服务条件，进入特殊教育体系并接受足够强度的密集服务来缩小学业差距，最终不再需要特殊教育服务（President's Commission, 2002）。

该报告还指出，这样的体系是一种"等待失败"的模式，而不是基于预防和干预的模式。这份调查结果揭示了在学习障碍鉴定这一领域长期以来存在的系统性缺陷，以及学界过于依赖"差异模型"这一过时的评估方式。多年来，教育工作者们目睹了许多一年级学生在早期读写能力发展方面存在困难。到了一年级中期，存在学习困难的这些学生与其他学生在知识掌握方面的差距变得十分明显。基于本书作者作为研究者、培训师和从业者的集体经验，我们观察到这些学生历来会被转介到传统的预转介干预团队，这个团队负责决定学生在什么时候接受特殊教育资格评估。如果证据确凿，教育团队可能会继续进行全面的个案研究评估。然而，在"差异模型"的统计框架中，一年级学生的智商测试得分与他们在学业测试（achievement battery）的任一项子测试得分之间几乎不可能存在显著的差距。多年来，教育团队反复听到这类评估结果，比如说："如果这个学生到了二年级中期仍然没有取得足够的进步，我们会重新考虑他的情况。"实际上，这些结果表明，被评估的学生和同龄人之间的差距在数据上表现得不够显著，因此不能获得更多帮助。于是，教育团队不得不再等一个学年，这样学生就会落后更多，这时他才有资格获得所需的服务。这听起来不仅不合逻辑，而且这与一些学者（Karen E. Diamond, Laura M. Justice, Robert S. Siegler, & Patricia A. Snyder, 2013）围绕早期干预重要性的综合研究的结论背道而驰。然而，如果在学校或教育体系中，除了教师个人单独应对和特教教室外，没有其他可用的资源，那么我们的选择就是特教教室。过去，特教教室可以提供更多的学习时间和更密集的指导，这是最好也是唯一的选择。所有看到学生技能发展滞后的教师都希望为这些学生提供力所能及的最密集的帮助。

不幸的是，等到用差异模型检测出学生的差距符合资格认定时，学生已经落后了远不止一年。事实上，委员会的调查结果表明，许多评估方法都缺乏效果，每年有数千名学生受到错误的评估。这不仅反映了差异模型的缺陷，也反映了美国各地采用的资格标准普遍存在着不同，且这些标准往往具有主观性。随着2004年《残疾人教育法》（IDEA）的重新授权，各州不再被强制要求使用差异模型来鉴定哪些学生有资格接受特殊教育服务。对此，各州的响应出现了两极分化：有些州并没有改变实际的做法，而有些州则完全禁止了差异模型的使用。

委员会报告指出的另一个问题是，教育工作者和政策制定者都把特殊教育和普通教育看作是两个体系。但实际上，普通教育和特殊教育承担着共同的责任，不应该被视为两个独立的体系。如果将普通教育和特殊教育视为两个独立的体系，那么就会产生"领地意识"——"你的学生你负责，我的学生我负责"。由此产生的后果至今在多数学校仍有体现：许多学校都会分设特殊教育体系和普通教育体系，两者互不相干。无论是过去还是现在，学校对于所有学生的学习始终缺乏一份集体责任感。这些情况是由以下一系列问题所导致的。

- 特殊教育工作者将大部分精力放在遵守程序性保障的要求上，导致无法聚焦

在学生的学习上
- 普通教育工作者和特殊教育工作者缺乏能够协同工作的日程安排和定期交流的合作基础
- 特殊教育课堂中的学生被迫学习那些与年级标准脱节的平行课程
- 传统的"抽离"模式要求有资格接受特殊教育的学生离开主流课堂，单独接受核心内容的教学指导

该委员会还指出，特殊需要学生迫切需要高素质（highly qualified）的专业化教师。自委员会的报告发布以来，"高素质"已成为人们的共识。但无论是普通教育还是特殊教育的教师培训项目依然存在缺陷，极少关注读写和数学教学领域的研究和最佳实践。这样的知识断层并不会因新培养的教师培训结业就终止。一直以来，聘任特殊教育教师是为了帮助所有学生达到较高的学习水平，但聘任他们的学校和学区往往忽视了他们专业持续发展的需求。当普通教育教师参与关于读写和数学教学的专业培训活动时，那些承担核心课程内容的特殊教育教师却被困在办公室，将他们的专业发展时间耗费在确保自己符合程序性保障措施的要求。作为研究者和培训者，当我们在与特殊教育教师和相关服务人员讨论这项调查结果时，他们会承认自己确实很少参与那些内容丰富、与教学工作密切相关的培训，这些培训的目的是理解以及实现教学目标。不让特殊教育教师参与培训，其用意何在？实在令人费解。

委员会报告进一步指出，现行教育体系的教学实践并不总是基于证据实施的。如果说普通教育领域存在知行脱节的问题，那么特殊教育领域也存在同样的问题。委员会就上述调查结果提出了三项主要建议。

1. **多关注结果，少关注过程**：特殊教育工作者必须花费大量的时间处理各种流程和程序，导致他们几乎没有时间分析学生的数据，也无法据此调整教学和学生的目标。过多的流程和程序妨碍了他们专注于学生成长，更影响了他们参与教学实践和专业发展活动。

2. **采用预防模式，而非失败模式**：自报告发布以来，无论是2004年《残疾人教育法》的重新授权，还是此后干预反应模式立法的通过，都掀起了一股支持早期干预的浪潮。随着干预反应模式立法的出台，人们开始摒弃过时的差异模型。然而，自总统委员会（2002）报告发布以来，美国各地符合特殊教育条件并进入特殊教育体系的学生人数仅下降了3%（Cortiella & Horowitz, 2014）。

3. **在教室和会议室里，将特殊需要学生首先视为普通教育学生，其次才是特殊**

教育学生： 只有当这种信念深深植根于校园和学区的文化中时，我们才会看到大家建立起对**所有**学生学业共同负责的集体责任感。

因此，当这些纵向数据和新的期望共同催生了一种新的紧迫感时，就引发了一个思考：那些卓有成效的学校正在采取哪些措施来帮助学生取得显著的学习成果？罗伯特·J. 马尔扎诺（Robert J. Marzano，2003）发现，"一项为期超过 35 年的教育研究表明，那些卓有成效的学校几乎能够完全克服学生背景因素的影响而取得显著的教学成果"（p.7）。我们认为，深入贯彻专业学习共同体实践是提升**所有**学生学习成绩的高效学校之路。

以伊利诺伊州布法罗格罗夫市的基尔迪尔乡村社区融合学校第 96 学区（Kildeer Countryside Community Consolidated School District 96）为例，2005—2013 年间，特殊教育学生与普通教育学生之间的差距一直在稳步缩小。事实上，在伊利诺伊州 1997 年版的旧学习标准（Illinois Learning Standards）框架下，伊利诺伊州标准学业成就测试（Illinois Standards Achievement Test）的数据显示，七年内符合特殊教育条件的学生在阅读和数学领域达到标准的比例分别增长了 21.8% 和 20.4%。图 1.1 和 1.2 呈现了 2003 年至 2012 年的稳步发展轨迹。

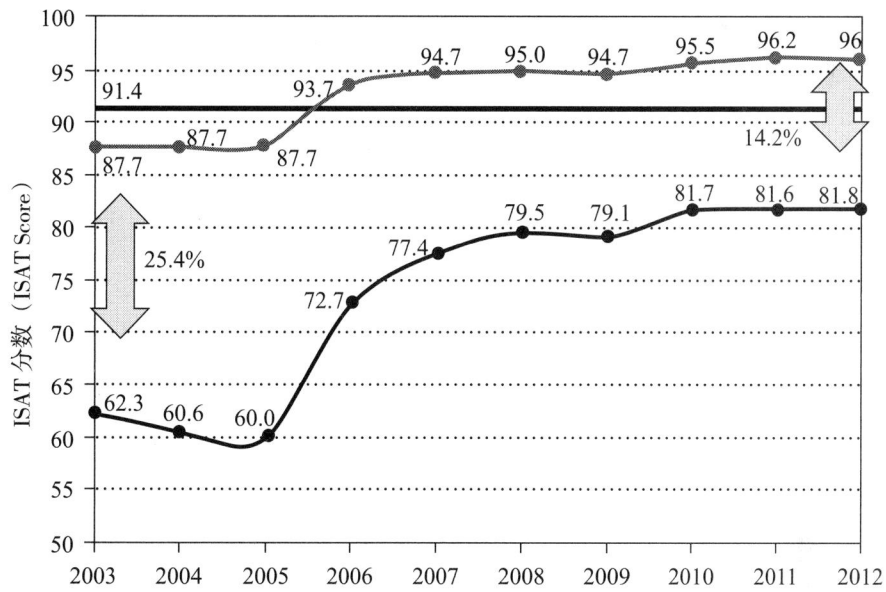

来源：伊利诺伊州布法罗格罗夫市基尔迪尔乡村社区融合学校第 96 学区。

注：灰线表示针对所有学生在阅读领域的成果。黑线表示仅针对符合特殊教育条件的学生在阅读领域的成果。

图 1.1 阅读进步状况（2003—2012）

从 2005—2013 年，随着该学区实施并深化专业学习共同体框架以及进行前文提到的观念转变，所有学生的总体成绩连续十三年都在逐年提升，普通教育和特殊教育群体之间的差距开始显著缩小。

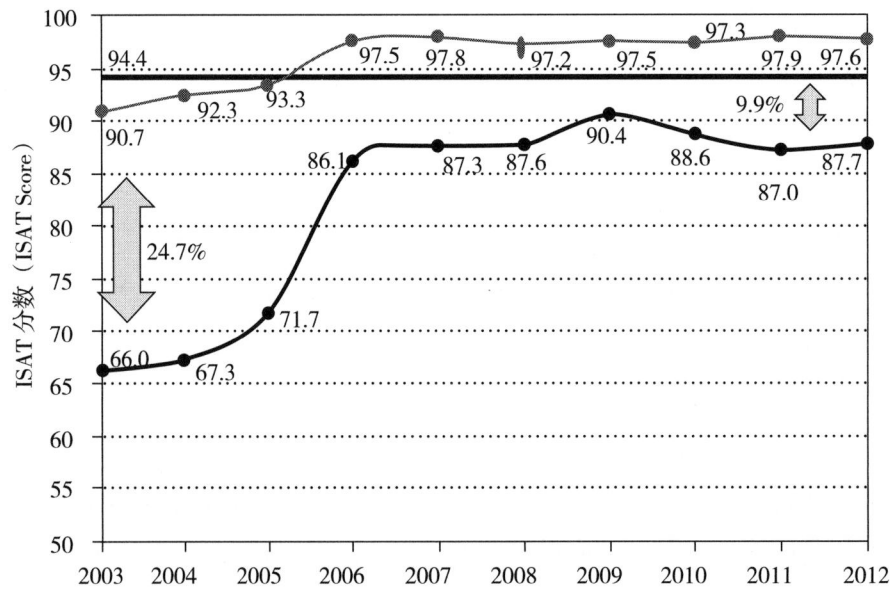

来源：伊利诺伊州布法罗格罗夫市基尔迪尔乡村社区融合学校第 96 学区。
注：灰线表示针对所有学生在数学领域的成果。黑线表示仅针对符合特殊教育条件的学生在数学领域的成果。

图 1.2　数学进步状况（2003—2012）

随着美国各地采纳全国州长协会最佳实践中心（National Governors Association Center for Best Practices, NGA）和州首席教育官员理事会（Council of Chief State School Officers, CCSSO）联合制定的《州立共同核心标准》（*Common Core State Standards*, CCSS）以及更严格的标准，教育达标的门槛进一步提高，这给所有相关人员造成了新的紧迫感。如果教育体系已在缩小差距的方向前进了一大步，那么其目标设定就必须进行彻底的革新。如果这种显著的差距持续存在，那么情况只会变得更加糟糕。不过好消息是，正如该学区的实证数据所表明的那样，缩小这一差距是有可能的。

虽然我们很少遇到一所学校或一个学区仅仅为了缩小特殊教育和普通教育学生之间的差距就开始专业学习共同体之旅，但深入实施专业学习共同体可以促使团队持续不断地努力回答四个关键问题，从而提高所有学生的学习成绩。事实上，乔恩·萨菲尔（Jon Saphier, 2005）认为：

"专业学习共同体之所以能够提高学生的学习成绩，是因为它们能够让更多的教师获得更多的时间来提供更好的教学。简而言之，专业学习共同体能够通过提升教学质量来提高学生的成绩，尤其是对于那些处于劣势的学生。"(p.23)

若要成功地实施专业学习共同体框架，则需要实现文化转型，这要求教育体系、学校和团队审视关于学习的两个关键信念：（1）所有学生都能达到较高的学习水平；（2）团队必须对所有学生的学习共同负责。这些核心信念必须始终处于决策过程的最前沿，以指导我们提高所有学生的学业水平。鉴于它们是指导学习的关键因素，因此有必要考察教育体系、学校和团队是否采用这些原则。接下来，让我们来探讨这两个基本信念是如何影响所有学生的学业的。

两个基本信念

首先，要考虑让所有学生都能达到较高的学习水平。每当学区、学校和团队开始公开讨论关于学生学习的观念和信念时，在确认"所有学生都能学到东西"这个观念之后，通常出现的第一句话是："当然，我相信所有学生都能学到东西，**但是……**"在这种情况下，会议室里总会有人举手发问："您能定义一下您所说的**所有学生**都包括了哪些学生吗？"这是个很有意思的问题。每次被问到这个问题时，我们总会停下来思考一番。**所有学生**确实是指字面意义上的**所有学生**。我们将在第三章中对此进行更深入的探讨。

我们认为，教育工作者的期望和观念会影响学生对知识的掌握。委员会关于学生学习能力认知的调查结果明确地指出了接下来的挑战。全国教育成绩中心（National Center on Educational Outcomes）主任玛莎·L.瑟洛（Martha L. Thurlow，2011）提醒教育工作者，现实情况是：

"有些学生（包括特殊需要学生和非特殊需要学生）即使接受了高质量的标准化教学，也未必能达到我们期望的水平。但是我们无法预测哪些学生不能达到，因此，我们必须对所有学生都实施良好的教学。"

瑟洛（Thurlow）及其同事雷切尔·F.奎内穆恩和谢乐尔·S.拉撒路（Rachel F.

Quenemoen & Sheryl S. Lazarus，2012）进一步指出："大量证据表明，问题在于教育体系本身，而非学生的残障、肤色、社会经济地位或其他特征；这样的教育体系限制了学生接触普通课程的机会，从而产生了成绩差距。"（p.11）无论出于何种理由，教育工作者都有责任满足所有学生的需求。鉴于这项任务的复杂程度，我们将在第三章讨论一项决策计划，该计划适用于包含重度残障学生在内的所有学生。

其次，要记住，团队必须共同承担对所有学生学习的责任。在教育体系中，这种观念可以明显地观察和评估。无论课堂教师是谁，或谁来负责核心教学，学校里的所有教师对每名学生要掌握的学习目标都负有责任。例如，整个三年级教学团队对三年级所有学生的学习都负有责任。当特殊需要学生遇到困难时，团队成员之间是否能够有效地协作，是否能够对这些学生承担起共同的责任，往往一目了然。最常见的情况是，大家都指望特殊教育教师或个案主管来解决问题。这种倾向在某些教育体系中根深蒂固，以至于当特殊教育学生在复合的学科领域或行为技能方面遇到困难时，帮助他们解决就会成为特殊教育教师和相关服务人员的责任。在一次专业学习共同体研讨会上，一位参与者分享了她的学校在集体责任方面所取得的进展。作为一名特殊教育教师，她受邀参加年级团队会议。然而，当设定和监测 SMART 目标时，她被要求将所有特殊教育学生的数据删除。因此，尽管学校确保了普通教育教师和特殊教育教师共同参与协作团队的会议，甚至共同参与关于教学实践的讨论，但也仅仅止步于此。以他们目前对集体责任的认识，特殊教育学生的数据尚不能被纳入目标设定中。因此，特殊教育教师得到的信息是，尽管**特殊教育教师**可以参与讨论，但特殊教育学生的成绩却不在讨论的范围之内。在真正践行集体责任感的文化中，关于学习目标和成绩的讨论会包括教室里的每名学生。

致力于缩小差距

我们处于一种必须以正确的方式做关键工作的紧迫感中，这意味着必须对至关重要的事情建立高标准的信念，这是一项道德责任。随着学校改进周期的推进，教育工作者全面致力于此，并努力解决优先教学内容相关的决策问题，他们必须反思一个至关重要的问题：自己希望学校里的每名学生都获得什么？试想，提到一名对他们来说很重要的"学生"，无论是他们的儿子、女儿、侄女、侄子还是孙子，他们正在考虑的改进措施是他们希望用来支持这个孩子的吗？如果是，那么这就是他们应该为学校或教育体系中的每名学生所提供的教育。我们观察到，校级领导们在开学之初要求每位教职人员都带上一张自己心爱的孩子的照片，以此来强调这一点。教职工休息室的展示板上会展示这些照片，并附上标题："**对于这些孩子而言，这样做足够好吗？**"每当教职人员走进休息室时，都会看到这个问题，当他们埋头工作时，这个问题会一直萦绕在他们的脑海里。

小学和中学的教育工作者都需要考虑自己的决策和行动在多大程度上能根据"所有学生都能达到较高的学习水平"和"学校里的每位教职人员都对所有学生的学习共同负责"来做出。这些信念可能正像谚语里"房间中的大象"那样——虽然大家都看得见，但没有人愿意去正视它。通过识别出那些阻碍所有学生学业成功的因素，教育工作者才能转变观念和改变文化氛围，从而缩小不同学生群体之间的差距。

我们能行：推进教学工作的关键因素

特殊教育的立法和政策已历经多次变革。当你考虑所在学校或学区的特殊教育政策和实践时，请记住以下几点是推进教学工作的关键因素：

- 了解并分享特殊教育的发展历程，为未来的教学工作奠定基础。
- 分析当地特殊教育的普及率，了解其在不同时间段的分布和趋势。
- 利用当地数据和责任评估数据进行差距分析，确定最需要改进的领域。
- 与所有教育工作者共享差距分析数据，构建集体责任感。

在第二章中，我们将专注于探讨普通教育工作者和特殊教育工作者如何通过团队协作来缩小特殊需要学生与其他学生之间的差距。

第二章
融合教育下的团队协作

> 在团结互助的专业学习共同体中,教师之间的协作能够提升学生学习的质量和环境的公平,也使教师能够基于证据和分析而非个人主观来讨论学生的情况,从而形成一种共同助力学生成功的集体责任感。
>
> ——米尔布雷·W.麦克劳林和琼·E.塔尔伯特
> (Milbrey W. McLaughlin and Joan E. Talbert)

高效协作的教师团队对学生学业的影响在目前的研究中已有充分的记载(例如,Barth, 1991; Little, 1990, 2006; McLaughlin & Talbert, 2006)。然而,如果深入探讨这些团队的结构和成员,那么不仅能回答"所谓的**所有学生**真的包括**所有学生**吗?"这个问题,还能更清楚地揭示我们为缩小学生之间的差距是否付出了足够的努力。只有在所有教师共同参与重要议题和讨论的情况下,包括特殊教育工作者在内的团队结构才能完全发挥作用。

小学团队中的教师协作

在那些习惯于将特殊教育工作者排除在教学团队之外的学校和学区中,人们也许难以想象如何构建能够实现合作的新型团队结构。表2.1展示了一些常见的小学团队结构。

当教育工作者们重新考虑如何安排日程表和组织团队来更好地支持所有学生时,他们需要解决的一个重要问题也许是如何分配学生的数量。在某所小学里,由一名特殊教育教师负责1—5年级读写领域的资源教室和核心内容课程,而另一名特殊教育教师负责1—5年级数学领域。

表 2.1 潜在的小学团队

	年级团队	领导团队（建设团队）	问题解决与干预团队（建设团队）	同类职能的跨校团队
主体	校内同一年级的所有教师	每个年级团队的领导，包括特殊教育团队、干预团队等	校长、相关服务人员、英语学习者或代表、教师代表、特殊教育教师	每个年级团队中来自每个不同内容领域的一名教师代表
内容	·学生（庆祝活动与解决问题） ·制定计划 ·共同评估 ·数据分析 ·教学设计与计划 ·干预设计	·解决建设层面的问题 ·实施学区和学校的提案和目标 ·团队层面的交流	·实施干预反应模式（RTI） ·解决问题的流程 ·监测进步幅度	·核心标准 ·教学进度指南 ·基准评估 ·材料选择 ·教学设计与计划 ·数据分析
频率	在共同制定计划的时间内，每周两次	每周一次	每周一次	每月一次

随着学校中观念的转变，教师团队对所有学生学习共同负责的理念开始深入人心，年级团队有所反思：如果负责核心内容指导与巩固的教师没有参与其中，学校如何能真正让所有学生都达到较高的学习水平？因此，在这所学校里，各团队成员重新划分了彼此的职责范围：一名特殊教育教师负责1—2年级读写和数学领域的资源教室和核心内容课程，另一名教师则负责3—5年级。这种做法让每一名特殊教育教师都能够持续参与到年级团队中来，成为真正的一员。

在这种所有教师共同负责的学校文化中，年级团队有意识地将工作议程安排得更加合理，确保特殊教育教师能够参与与学生学习相关的重要讨论。当特殊教育教师无法参加年级团队会议时，普通教育教师会与其面对面地沟通或者通过在线协作文档进行交流。当然，这所小学的做法只是学校如何组织包括特殊教育工作者在内的教育团队的众多案例之一。让我们深入探讨一下表2.1中列出的各类团队的结构和工作内容。

年级团队

当在考察小学协作团队的结构和成员时，我们首先关注的是年级团队，就教学工作中的策略、数据分析和干预模式进行了深度讨论。例如，负责三年级特殊需要学生的教师是否要定期参加三年级协作团队会议？他/她是否真正算得上是该团队的成员？如果我们希望让具备特殊教育资格的学生达到适当的年级标准，那么所有负责教育这些学生的教师都应该参与到讨论中来。

表 2.1 中所示的团队结构通常要求在小学采用统一课表（关于统一课表的更多有效信息，请参阅 Buffum & Mattos, 2015; Mattos & Buffum, 2015）。小学的统一课表意味着所有一年级教师在同一时间段上读写课，也在同一时间段上数学课。虽然该模式在小学阶段颇具争议，但它是一种能够最大化利用时间和资源配置的方式。在统一课表中，所有一年级学生同时进行午餐、课间休息和接受特殊教育服务等，从而为一年级教师的协作提供了更多机会。此外，统一课表能让相关服务人员（为学习者提供语言相关服务和支持的教师、教学教练及其他人员）以更高效的方式支持本年级的学生和教师。统一课表还有助于团队以年级为单位实施一级干预，提高团队在干预期间获得额外成人支持的可能性。

表 2.2 中列出了年级团队可以讨论的有助于支持所有学生的主题，包括那些符合特殊教育条件的学生。本书第四章会为团队继续这些讨论、确保所有学生都能获得有保障且可行的课程提供了一份蓝图。

表 2.2　年级团队的讨论和活动

主题	潜在的讨论和活动
关于学习方面的学生庆祝活动	·我们的 SMART 目标进展得如何？
接下来的教学计划，包括讨论每名教师为实现目标而采用的教学策略	·接下来的学习目标是什么？ ·我们要求学生做些什么？ ·学生需要达到怎样的思维水平？ ·该标准或学习目标的基本要素是什么？ ·分析拆解后的标准、支架（辅助设施）和学习进程，以确定适合特殊需要学生的最佳教学路径。
共同评估的制定和管理	·哪种评估类型最适合测量各项目标的掌握程度？ ·我们是否具备适合特殊需要学生的合理便利、适当改动或两者兼具的设施？

主题	潜在的讨论和活动
以形成性数据驱动教学的讨论	·我们有多少学生表现出熟练掌握学习标准的程度？ ·有多少学生需要再度提升？ ·从数据表现来看，我们真正关心的是谁？ ·哪些学生准备进行拓展学习？
教学周期中的额外教学设计与计划	·我们有哪些搭建支架和提供支持的思路？
干预设计	·我们如何根据这些数据在第一层次进行差异教学？ ·我们是作为班级教师还是作为一个年级团队（包括特殊教育教师）来进行干预？ ·每组学生都和哪些老师一起工作？ ·每个小组的最佳教学策略是什么？

特殊教育教师能够分享各种各样的差异教学策略，普通教育教师从中受益匪浅。反过来，特殊教育教师也可以从与普通教育教师之间持续丰富的关于教与学的讨论中获益。

梅根·肯尼迪（Meghan Kennedy）是基尔迪尔乡村社区融合学校第96学区的一名特殊教育教师，负责四年级和五年级的读写和数学教学及资源支持工作。她所在学校的四年级和五年级团队每周开会两次，每次一小时（M. Kennedy, personal communication, January 22, 2016）。由于学校领导团队严格地调整了统一课表，她每周都能参加这两个年级的一次会议。在团队中，梅根协助同事们为遇到困难的学生制定教学方案和策略，讨论课文的复杂程度和分类法的应用，并在必要时根据学生的个体需求修改教材。相应的，她得以对教学目标有更深刻的理解，也更清楚地知道特殊需要学生在这样的教学环境中有哪些具体的需求。由于参加了所有的教师团队活动（如撰写共同形成性评估），梅根能够与年级团队成员共同合作，并清楚地了解所有学生应知应会的学习目标。

校级领导团队

在小学中，另一种协作团队结构包括全校范围内的团队，比如校级领导团队。校级领导团队除了包括来自各个年级团队的负责人，还要有一名特殊教育或相关服务的代表。这种团队结构强调了一种观念：普通教育和特殊教育并不是两个相互独立且平行的教育体系，而是一个整体，所有团队成员都应该共同承担责任。表2.3列出了校级领导团队参与的讨论和活动内容。

表2.3 校级领导团队的讨论和活动

主题	潜在的讨论和活动
解决校级问题	·团队和学校的庆祝活动是什么？ ·在下次的教职工会议上我们需要进行哪些学习讨论？ ·如何确保所有学生都成为我们学校社区中的重要成员？
实施学区和学校的提案和目标	·实施过程中有哪些进展顺利的地方？ ·团队目前遇到哪些困难？ ·我们需要进一步明确哪些信息？ ·我们如何能提供更明确的信息？ ·我们需要哪些资源或者需要进行哪些学习来推动我们前进？ ·我们如何朝着目标前进？ ·我们的数据揭示了什么？
团队层面的交流	·所有团队成员都需要哪些信息？ ·我们需要为团队收集哪些意见和反馈？

参与这类讨论的校级领导团队成员会发展为指导联盟，对所有学生的学习共同负责。作为领导者，通过深度讨论和思考如何推动团队发展，他们不仅得到了自我发展，还帮助该体系中的所有教师提升了自身的能力。

问题解决与干预团队

问题解决与干预团队通常包括特殊教育教师在内。在学生接受特殊教育服务时，这类团队负责保障问题解决流程。通过定期对特殊教育数据的监测，在学生的学习趋势线或数据点没有表现出积极变化时对当前的干预措施进行调整。对取得进步的特殊需要学生，团队也应该调整干预方案。持续地共同考察数据也有助于确保团队将与残障相关的任何潜在技能缺陷或缺失的先备技能转化为个别化教育计划（individualized education program, IEP）的目标。表2.4重点列出了问题解决与干预团队需要讨论的各项职责。

表 2.4 问题解决与干预团队的讨论和活动

主题	潜在的讨论和活动
干预反应模式（RTI）的实施	・协助制定并实施一套干预措施金字塔系统。 ・制定各干预层次的进出标准。 ・记录流程和协议。 ・讨论整个流程。 ・在此流程中支持年级团队。
优化校级问题的解决流程	・与年级团队开会，明确流程。 ・与年级团队开会，讨论并共同解决学生需求。 ・在转介流程中支持团队。
监测学生的进步情况	・考查和分析各干预层次的学生的进步监测数据。 ・利用数据将学生分层进行干预。 ・与个案主管一起分析符合特殊教育条件的学生的进步监测数据。 ・根据学生的进步情况共同调整目标。 ・考察特殊需要学生现存的技能缺陷，确保将缺失的先备技能转化为个别化教育计划的目标。

问题解决与干预团队共同承担责任，确保所有教育工作者理解并制定明确的标准，以落实干预措施。这一团队也是重要的联络人，为遇到困难的学生制定有效的策略，并协助收集可能需要的数据，以确定下一步行动。问题解决或干预团队的成员会提出适用于所有学生的有效策略，不仅仅是面向那些有残障或被怀疑有残障的学生。即使确认了学生有特殊教育资格，这些团队也要负责保障基于数据的问题解决流程。

同职能的跨校团队

最后，许多学校都有（我们推荐的）同职能的跨校团队。这种团队结构非常强大，尤其是涉及范围较广的课程教学和学习提案时。它可能包括来自小学各学科领域及年级团队的教师代表及全学区的多校教师代表。例如，如果某所小学的三年级团队有三名成员，那么其中一名教师可能是读写学科代表；而另一名则是数学代表；还有一名是科学、社会学或两者兼具的学科代表。在包含多所小学、初中或高中的学区体系中，这些教师代表来自学区的不同学校。而在只有一所小学、初中或高中的学区体系中，这些教师代表只能（与其他年级的同学科代表进行协作）跨年级进行垂直交流。我们甚至强烈建议与邻近的学区建立协作关系，因为跨校协作是个很好的机会，可以让教师跳出自己的日常环境，从教学和学习的角度拓宽思维。信息技术也为同职能的教师提供了合作的机会。至关重要的是，负责核心内容的特殊教育教师也应该被纳入同职能的跨校团队中。同职能的教育团队可以实行如表 2.5 所示的讨论和任务。

当同学科的教师讨论优先或核心标准，并通过拆解标准来确定目标，且在整个学年逐步实施这些做法时，特殊教育工作者必须参与到讨论中来。作为团队的一员，他们能更好地理解学生熟练掌握学习标准的具体表现，以及达成学习目标所需的严格程度。这有助于深化教学内容，使专业人员能够从集体的智慧中获益。

表 2.5　同职能的跨校团队的讨论和活动

主题	潜在的讨论和活动
拆解标准，确定核心或优先标准	·该标准有哪些组成要素？ ·我们需要达到怎样的严格程度？ ·我们如何得知学生能否达到预期？ ·什么是合理的学习进程？ ·讨论怎样向难以达到标准的学生提供支持性策略。 ·确定学生掌握学习目标所需的关键事项。
创建教学进度表或课程大纲	·包括干预在内的深度教学需要多少教学时间？ ·考虑每个学年的时间问题（如：责任评估的时间安排等）。 ·考虑与其他目标的关联。 ·考虑资源使用对教学的影响。
制定基准评估	·根据基准测试结果，鉴于我们的标准具有一致性，我们可以预测学生在外部责任评估中的表现。 ·对于符合特殊教育条件的学生，我们需要为他们提供哪些合理便利、适当改动或两者兼具的辅助设施？ ·确保教授的内容与评估的内容一致。
选择材料	·评估新出版的课程教材，确保其符合标准。 ·就资源方面提出建议。
特定科目的数据分析	·作为同一个学区的团队，我们在读写、数学、科学以及其他学科领域最薄弱的环节是什么？ ·作为同一个体系的团队，我们做得好的地方有哪些？

中学团队的教师协作

中学团队的结构在本质上与小学团队非常相似,对特殊教育工作者的参与程度有着同等的要求。表 2.6 展示了一些常见的中学团队结构。

然而,在中学阶段,由于传统的初、高中实行分科教学,要确保团队在有针对性的具体教学工作中发挥作用面临着更大的挑战。两种典型的中学团队可能是这样的:一种团队是由教授同一门课程的教师组成(如代数 1 教学团队),另一种则是由同一学科教师组成的团队(如数学学科团队)。这两种团队的工作范畴会有所不同,并且应该有着明确的界定。

表 2.6 潜在的中学团队

	跨学科团队	同学科团队	同类职能的跨校团队
主体	与同一小组的学生合作的**所有学**科的教师(中学模式或校中校模式)	学校内部跨团队的教授相同内容的**所有**教师	跨学区或跨多所学校的教授相同内容的**所有**教师
内容	·学生(庆祝活动与解决问题) ·计划(后勤工作、基于技能的跨学科联系) ·跨学科领域的技能	·共同评估 ·数据分析 ·教学设计与计划	·核心标准 ·教学进度指南 ·基准评估 ·材料选择 ·教学设计与计划 ·数据分析
频率	·在中学的共同计划时间内,每周两次 ·高中学科团队工作次数较少	·在共同计划时间内,每周一至两次 ·教职工会议期间	·每月一次

跨学科团队

中学阶段跨学科团队的一个常见目标是,基于特定学校的数据来确定哪些是必需的技能领域。跨学科团队负责制定在不同的内容领域教学和评估方案。某所高中的跨学科团队协作确定了各学科领域及课程如何应用共同制定的标准,确保不同学科的教师使用统一术语、相同的评估标准,并对写作技能(经团队确认,在学校标准中被确立为必备技能)提供一致的反馈。这种跨学科合作聚焦于全校范围的数据,围绕共同的需求把教师召集到一起，强调了学生的学习是一项集体责任。把特殊教育工作者纳入团队，是在强调这样的观念：所有学生都能达到较高的学习水平，所有教育工作者对每名学生的成功都负有责任。丽莎·拉夫（Lisa Ruff）是伊利诺伊州布法罗格罗夫市（Buffalo Grove, Illinois）双林中学（Twin Groves Middle School）的一名特殊教育教师，她描述了自己参与团队的协作历程：

"在专业学习共同体实施之前，特殊教育是一座孤岛。自从特殊教育被纳入团队层级的会议之后，我们能够每天进行会议。我也有机会接触为学生提供支持的临床医生。以前人们会说：'他们学不好很正常啊。毕竟他们是特殊需要学生，难免会存在差距。'在新的融合环境下，这样的说法便不合时宜了。我们每个人都对学生的学习负有责任，必须按照常规的年级目标进行教学，确保所有学生掌握同样的核心技能。只有这种共同负责机制才能真正缩小学生之间的差距，这也是我们对所有学生的期望。"（L. Ruff, personal communication, April 2013）

针对学科目标进行的团队协作在中学阶段与在小学阶段同样需要。鉴于中学的协同教学正在兴起，因此我们越发有必要就学科目标、掌握程度和评估进行集体讨论。若特殊教育工作者和普通教育工作者能在理解和传授教学内容方面建立平等的伙伴关系，那么就可避免特殊教育协同教师沦为徒有虚名的教学助理。

同学科团队

中学的同学科团队与小学的年级团队功能相似。教授同一门课程的教师要专门留出时间，共同讨论表 2.2 中的问题和活动。尽管小学和中学的同学科团队都会讨论干预措施和教学策略，但两者的共同干预计划有所不同，因为中学的同学科团队进行共同干预的机会较少。中学的统一课表中通常无法安排多个班级同时进行同一门课程。然而，若能在统一课表中设置特定课程内容的干预时间，便可以实现共同干预。

遗憾的是，无论是在协同教学模式下还是在特殊教育环境中进行教学的特殊教育教师，他们往往都被排除在同学科团队之外。如果我们决心让学生达到适当的学业目标，那么将特殊教育工作者纳入团队是必不可少的做法。我们在讨论学生熟练掌握标准的具体表现以及指导学生达到标准的进程时，不该把任何教授该学科的教师排除在外。虽然要在同学科团队中同时配备特殊教育教师和普通教育教师存在一定困难，但这并不是一个合理的借口。由于中学特殊教育教师有潜在的庞大备课量，我们会更迫切地树立对所有学生学业的集体责任感，也会理解特殊教育教师和普通教育教师之间进行明确交流的重要性。我们与美国各地的中学团队的合作经验表明，高度协作的同学科团队通过专注于学生学习与分享策略的深度交流，可以提升团队成员的整体效能。

同职能的跨校团队

在中学阶段，同职能团队包括教授某门课程的所有教师，而跨校团队则包括在范围较广的学区内各个学校教授某门课程的所有教师。表 2.5 提供了一些这类中学团队结构中常见的问题和活动。这个层次的工作与日常的课堂活动有较大的差距。相反，它更侧重于为不同的班级和学校提供有保障且可行的课程，以及更多能提供全教育系统数据的总结性评估，以便对课程进行校准。

在规模较小的学区体系中，如果只有一所学校为特定年级提供服务，我们强烈建议其与所在地其他学区的另一所学校进行跨校合作。我们认为定期走出自己的环境，就学生的学习进行专业交流会有促进作用。这种结构的团队可以通过面对面或线上交流的方式进行合作。

教师协作与专业发展的融合

当特殊教育教师和普通教育教师对所有学生共同负责时，我们很难理解为何特殊教育教师经常被排除在教师的专业发展计划之外。例如，当阅读老师参加基于研究的读写教学实践培训时，负责教授读写的特殊教育教师往往会被单独分为一组，学习与优质教学无关的程序性保障任务。这在各个学科领域都是常见的情况。

第二部分中各章节所概述的深度工作，与协作团队的日常工作相结合，会为融合教育带来源源不断的重要改善。因此，当教育体系难以确保能够为那些教导最弱势学生群体的教师提供持续、高质量的专业发展机会时，我们真正应该反思的是："为何这种做法尚未在所有的学校体系中普及？"我们不能不负责任地让那些教导高风险学生群体的教师失去专注于最佳实践的高质量专业发展机会。我鼓励大家问自己："特殊教育教师和普通教育教师共同执行这项工作是否有助于改善教学，提高学生的学习水平？"如果回答是肯定的，但特殊教育教师却处于缺席的状态，那么问题就真的变成了："**所有学生**真的包括了**所有学生**吗？"

我们能行：推进教学工作的关键因素

协作团队的形式可能各种各样，但无论其结构如何，都必须包括普通教育工作者和特殊教育工作者，以支持所有学生的学习。

- 审视当前的协作团队结构时，需要考察以下因素：
  - 每个团队的工作是否明确、可行
  - 团队成员是否包括了所有提供教学和支持的教师
  - 每个团队是否都有足够的时间来处理与团队角色相关的问题和活动
  - 团队结构是否允许教师在自己学校的日常工作之外进行合作
- 根据学生的学习情况，为跨学科团队确立有意义的协作点。
- 明确融合教育下的教师如何担起协作教学的共同责任。

教育工作者必须践行共同负责的承诺，确保所有学生都能学到东西。第三章将详述教师可以采取并实践的具体行动，确保建立起为所有学生提供的、有保障且可行的课程。

第三章
形成共同的学习期望

影响学生成绩的一项关键因素是，教师致力于实施有保障且可行的课程，确保无论由哪个教师来教，课程都会涵盖那些核心内容。

——罗伯特·J. 马尔扎诺

（Robert J. Marzano）

所有学生都应该获得有保障且可行的课程（Marzano, 2003; Saphier, 2005）。要真正落实这一概念，我们必须对其有清晰的认知。简而言之，**有保障**意味着无论教师水平、学生资格或层次如何，所有学生在全校和学区体系中都能接触到相同的标准，相同的解读、内容和技能。每名教师都有独特的教学风格——在高效的课堂上，他们会根据学生的需求来调整自己的教学方式。虽然教师采用的教学方式不一定相同，但在教学和评估的过程中，所有教职人员都必须有共同的教学目标。**可行**意味着课程必须在规定的时间内完成。当一门课程不具备可行性时，教师会疲于完成教学内容，而不能关注到学生是否表现出对知识的掌握。这样一来，学生也无法深入理解核心内容。这是一个必须深思熟虑的问题，因为各州都需要对年度评估的结果负责；因此，教学进度必须考虑到学生在这些年度测评中的表现。创建一门有保障且可行的课程需要团队在确定年级与课程目标、内容进度以及评估实践方面进行协作，并定期分析表现数据以做出明智的教学决策。

萨菲尔（Saphier，2005）进一步阐述了"有保障且可行的课程"这一概念，指出"这是一个聚焦学业目标的实践框架，帮助每位教师在课堂工作中更清晰、连贯和精确"（引用自 DuFour 等人，2010, p. 71）。杜福尔（DuFour）及其同事（2010, p.71）引用了萨菲尔（Saphier，2005）的研究成果，重申"教师应该通过协作来提供严谨的课程"，教学团队的所有成员都需要认同和理解这一点，"明确列出每个年级或每门课程的学习目标，并为每项目标提供了学生熟练程度的可参照范例"。

根据我们的共同经验，我们认为明确回答专业学习共同体的关键问题 1："我们期望学生学到什么？"是提高特殊需要学生学习成绩的第一步，也是最关键的一步。这个问题为建立一门有保障且可行的课程奠定了基础。以一名典型的高中特殊教育资源教师为例，我们便不难理解为何回答此关键问题对于为特殊需要学生提供全面的团队支持至关重要。传统模式下，由于主流教师通常会自主制定课程内容的教学重点，实施个别化的评分制度，并采用自己偏好的评估方法来评估学生，因此家庭作业、课堂参与度和评估成绩等要素的权重可能会存在很大差异，并成为影响学生学业成功的重要因素。换句话说，不同的教师对成功的要求和期望是不同的。因此，一位负责七八名不同班级学生的资源教师可能需要同时应对多套标准、评估方法和课程内容。花时间去了解每位普通教育教师的个人教学方法，就意味着用于帮助学生掌握学习目标的时间减少了。遗憾的是，特殊教育教师必须面对普通教育教师在教学实践中的差异，这种情况太常见了。这对特殊教育教师和学生都造成了极大的不利影响。这些教学实践清楚地展示了明确的学习目标如何有助于改善主流教师和特殊教育教师的教学和相互交流。

那么，我们的教育系统如何才能真正为学生落实有保障且可行的课程呢？马尔扎诺在其学校效能水平报告中指出，有保障且可行的课程必须具备六项基本指标（Marzano，2012）。

1. "学校课程和配套评估符合州和学区的标准"（p. 10）。
2. "学校课程的重点足够突出，教师在可用的时间内可以充分授课"（p. 10）。
3. "所有学生都有机会学习课程的关键内容"（p. 11）。
4. "制定清晰且可量化的目标，聚焦提高全校学生成绩的关键需求"（p. 11）。
5. "对数据进行分析、解读，并利用数据来定期监测学校成绩目标的进展情况"（p. 12）。
6. "当数据表明需要进行干预时，启动合适的校级和班级程序和措施来帮助学生达成个人成绩目标"（p. 12）。

这些指标看上去都很合理，但我们不妨考虑一下它们在学校应用（或没有应用）时的实际状况，特别是它们要如何应用于特殊教育领域。表 3.1 展示了这六项指标是如何满足不同学生的需求并支持特殊教育教师的。

表 3.1 关于有保障且可行的课程的六项指标

指标	缺乏时的表现	存在时的表现
学校课程和配套评估符合所在州和学区的标准。	·本地开发的课程与标准不一致。 ·课堂教学与标准或共同认可的优先内容不一致。	·州标准、本地标准、本地课程、年级和学科的教学进度指南、团队评估以及课堂教学之间明显具有一致性。
学校课程的重点足够突出，教师在可用的时间内可以充分授课。	·专注于完成教学内容，而不是学生对内容的掌握程度。 ·只有不到80%的学生在确立的标准上表现出熟练掌握的程度。 ·干预体系不堪重负。 ·教师经历职业倦怠。 ·学生倍感压力。 ·对课程的优先内容缺乏明确的理解，课程的优先内容不一致。	·教学进度指南在既定的时间范围内可为不同的班级和学校提供一致的教学指导。 ·确定优先标准，并将其作为教学的重点。 ·评估方法与优先标准一致，为教学和报告提供依据。
所有学生都有机会学习课程的关键内容。	·特殊需要学生接触的标准不如普通同龄人严格。 ·特殊需要学生接触的标准比普通同龄人更少。 ·特殊需要学生接触的标准与普通同龄人不同。	·特殊需要学生应该掌握年级和课程标准，并为他们提供时间、支持和资源。 ·特殊教育工作者是年级或课程协作团队中不可或缺的一员。 ·特殊需要学生接触到的是和普通学生相同的教材。 ·特殊教育工作者与普通教育工作者共同参与关于教学实践的专业发展活动。
制定明确且可衡量的目标，专注于提高全校学生成绩的关键需求。	·不同班级的教学实践不一致。 ·不同教师的教学、评估和报告存在差异。 ·学校、团队或两者都缺乏目标或目标不明确。 ·缺乏对学生成绩数据的关注。 ·在数据审查和SMART目标制定过程中，缺乏有关特殊需要学生的数据。	·共同制定并讨论统一的教学、评估和报告的实践方案。 ·个别化教育计划目标符合标准，并且针对学生的缺陷领域而制定。 ·有针对性地确定并利用合理便利设施来帮助学生学习课程；谨慎地做出适当改动。
对数据进行分析、解读，并利用数据来定期监测学校成绩目标的进展情况。	·缺乏数据分析规程，或数据分析规程无效。 ·个别教师会查看自己的数据；团队和学校则不会查看数据。 ·在确定特殊教育资格之后，没有对进步监测数据进行周期性复核。	·为所有学生提供数据驱动式教学。 ·根据需要为所有学生提供额外的时间、支持和资源。 ·在确定特殊教育资格之后，问题解决流程会继续进行。

续表

指标	缺乏时的表现	存在时的表现
当数据表明需要进行干预时,以合适的学校和班级层面的流程和措施来帮助学生达到个人成绩目标。	·课程的实施情况不一致。 ·由教师个人选择教学资源。 ·干预体系缺乏秩序,没有明确的进出标准。	·第一、二和三层次均实施基于研究的程序设计和教学方法的最佳实践。 ·第一层次的干预模式与优先标准一致。 ·第二层次和第三层次的干预模式由评估结果所驱动,以确定具体需求并准确实施。

资料来源：改编自 Marzano, 2012。

请注意，上述理念适用于教育体系中的大多数学生，无论他们是否具备特殊教育资格。当然，当我们考虑到有重度障碍的学生时，我们必须从不同的角度来理解这些概念。本章的后续将进一步讨论这一点。

构建支持所有学生的校园文化

我们知道，特殊教育服务在以下情况下效果最佳：

- 尽可能在普通教育环境中提供特殊教育服务
- 能够精准填补学生障碍和环境需求之间的差距
- 确保在任何教育环境下都有同等的机会达到这些高标准

然而，我们要如何构建校园文化，从而来实现所有这些目标呢？简单地说，我们必须做出一些关键性的转变。表3.2总结了为支持所有学生而需要在全校范围进行的文化转变。

如果不实现这些转变，教育工作者将继续固守"只有大多数学生（而非所有学生）能学到东西"的观念。想要教育工作者真正相信所有学生都能且会学到东西，就必须努力推动文化的转型，以统一的方式进行教学。转型要求教师将每名学生视为独特的个体。无论学校或学区正在努力实施《州立共同核心标准》（Common Core State Standards, CCSS 3–P33）还是州或国家的其他标准，他们都必须考虑为学生的未来做好准备，包括升学、就业以及其他方面。遗憾的是，教育工作者往往会怀疑特殊需要学生是否有能力达到这些严格的要求。对此，我们的回答很简单：**所有学生**包括了**所有学生**，同时理解教师可通过提供支架、合理便利和适当改动来调整教学，从而确保所有学生都能取得成功。

其次，在教学实践中，当教师在考虑"**所有学生**包括了**所有学生**吗？"这个问题时，必须首先回答一个基本问题。这个问题就是："当这名学生离开公立学校体系时，他/她是否具备独立的能力呢？"（Buffum, Mattos, & Weber, 2009）正如下文中所概述的那样，对这个问题的回答将导向两种不同的行动方案。

表 3.2　为支持所有学生而需要在全校范围进行的文化转变

从……	到……
以教学为重点	以学习为重点
强调教什么	强调学什么
完成内容	熟练程度
个人实践	公开分享实践
个人责任	集体责任
教师自行确定优先标准	协作团队确定优先标准

资料来源：DuFour 等人，2010。

当学生具备独立能力时

教师有义务尽一切努力让学生达到熟练掌握学习标准的程度。但他们不能降低学生的标准。教育工作者必须将绝大多数学生（包括多数符合特殊教育资格的学生）纳入普通课程的目标体系中。"要鼓励特殊需要学生接受挑战，在普通课程中表现出色，为毕业后在大学或职业中取得成功做好准备"（NGA & CCSSO, 未注明日期，第二版，p.1）。更严格的标准为特殊需要学生提供了接触更核心的学术内容的机会。在面对多样的学生群体时，"如何教授和帮助学生达到这些高标准是非常重要的"（NGA & CCSSO, 未注明日期，第二版，p.1）。当教育工作者不断提升"对循证教学实践的理解，并聚焦其有效实施时，他们能够帮助所有学生（包括特殊需要学生）更好地达到数学和英语标准"（马萨诸塞州中小学教育厅，2011, p. 99）。为了让特殊需要学生"达到高学业标准，充分展示概念性和程序性知识与技能……教学中还必须针对每名学生的个人情况提供支持和便利设施"（NGA & CCSSO, 未注明日期，第二版，p. 1）。

当学生不具备独立能力时

团队必须重新描述关键问题：我们希望这名学生知道什么、能够做什么？我们如何得知他/她是否学到了东西？这些学生可能会按照修改后的标准进行学习，但团队必须完成的工作仍然与标准保持一致，通过有针对性地搭建支架来提高学习的严谨程度，并采用形成性评估的方式来提供反馈以推动教学调整。

团队协作会根据每名学生的个别化目标进行，这样就能把协作成果整合成连贯的支持计划，并以每名学生的成长和进步为导向。这种协作专门针对功能性课程的实施；也就是说，它专门针对正在教授的课程。那些为有**低发病率**（就障碍的程度和负面影响而言）残障的学生提供支持的教师，他们会与指导同类学生群体的其他教师合作，分享最佳实践方案。教师和工作人员共同组成一个协作团队，并制定协作战略计划，明确他们将如何（比如面对面或在线交流）以及何时进行定期协作。例如，基尔迪尔乡村社区融合学校第96学区和曼海姆学校第38学区（Mannheim School District 83）是位于伊利诺伊州的两个不同学区的两所小学，两所小学的参与针对低发病率学生项目的教师建立了协作关系。在这两个学区内部，由于教室和为有重度障碍的学生所配备的工作人员数量有限，因此很难开展协作。这两所学校跨学区通力合作，建立每月固定会议制度，共同制定议程，以便相互支持、共享资源、解决问题、庆祝成功并共同学习。随着这些同事建立关系和分享知识，他们之间的联系变得更加稳固、自然。一所学校的教师和相关服务提供者前往另一所学校参观，并与同事们面对面地交流。两所学校的团队发现，在参观之前，有了双方投入大量时间分享经验的基础，面对面的合作会非常有力量。

事实上，当教师们分享彼此的最佳实践时，他们便肯定了协作的目标就是确保所有学生都能达到较高的学习水平。虽然为了满足个别有特殊需要的学生，这些学习目标可能与常规的年级标准有所不同，但团队仍然致力于为这类学生回答四个关键问题。当我们考虑到那些不具备独立能力的学生时，请记住：

> 一些有重度障碍的学生需要获得大量的支持和合理便利——具体要看他们在沟通和学业方面的需求，这样才能相应地达到某些教学和评估标准。这些支持和合理便利应确保学生能够利用多种学习方式且获得展示学习成果的机会。（NGA & CCSSO，未注明日期，第二版，p.2）

这些教师和相关服务提供者（言语治疗师、心理学家、作业治疗师、物理治疗师等）会针对每名学生的成长需求组建相应的协作团队。通过解答专业学习共同体的四个关键问题，协作团队为这些学生提供学习和展示学识所需的系统性支持。

确保所有学生都能实现较高水平的学习

即使是重度残障的学生，对其进步抱有期望仍会非常有用。保持成长型思维模式对教育者来说至关重要。教师对学生的期待往往能够让学生挖掘自己的潜力；如果教师对学生的能力和潜力设限，那么这些限制会成为学生发展的天花板。因此，每位与学生共事的教师都有责任为学生创造条件，让学生相信自己能够并且将会达到较高的学习水平。

那么，教师该如何创造条件，使学生的学习不受限？首要因素就是必须构建一门有保障且可行的课程。如果做不到这点，课程的主导权就交给了教师，学生的进步情况也会变得不可预测。当回想起自己的学生时代时，我们或许会想起曾经盼望早点看到课表，因为我们知道分配的老师将会决定我们的学习体验。在教育行业工作的人，如果自己的孩子在学校上学，通常会去咨询师或校长的办公室讨论哪些老师可能最适合自己的孩子。有些人可能会认为这是一项职业特权。其他人可能会将之看作"内部交易"。教育工作者掌握了不同教师的学生可能会取得什么成绩的内部消息。我们必须扪心自问：不同教师的教学效果存在巨大的差异，这是否合理？难道不应该保障学生接触和学习一样的内容吗？当学生学不好的时候，难道不应该获得同等程度的支持吗？教育工作者们必须达成共识，绝不能继续容忍这种不一致的做法，尤其是在数据表明教师有能力帮助特殊需要学生缩小差距的情况下。

我们能行：推进教学协作的关键因素

当普通教育工作者和特殊教育工作者共同协作，确保为所有学生提供一门有保障且可行的课程时，他们也塑造了自己对"所有学生都能学到东西"的承诺和观念。在团队协作的过程中，我们需要考虑以下因素。

- 聚焦专业学习共同体的四个关键问题，围绕年级标准展开团队协作的工作。
- 对于那些需求复杂、很难达到年级标准的学生，将团队协作的工作重点聚焦在四个关键问题，帮助学生在能力上逐步达到年级标准。

- 持续进行反思：团队成员真的认为**所有学生**包括了**所有学生**吗？

在第二部分中，我们将探讨专业学习共同体中的协作团队如何通过聚焦学习成果来缩小学生之间的成绩差距。第四章要求普通教育工作者和特殊教育工作者厘清他们希望学生知道什么、能够做什么，并提供了工具来拆解标准，从而帮助团队回答这个关键问题。

第二部分

聚焦学习成果,缩小差距

第四章
确定所有学生的学习内容

> 实施统一的、严格的标准，并根据学生的不同特点和需求来提供差异化的资源和教学，可以为所有学生创造卓越和公平的教育环境。
> ——斯泰西·M.奇尔德里斯、丹尼斯·P.道尔和大卫·A.托马斯
> （Stacey M. Childress、Denis P. Doyle and David A. Thomas）

当普通教育工作者和特殊教育工作者一起协作，对学习目标达成共识时，所有学生都能从他们的集体智慧中受益。在考虑如何进行具有针对性、连贯性的教学时，教育工作者会相互学习、相互交流。他们从一开始就会提出并回答专业学习共同体团队的第1个关键问题："我们期望学生学到什么？"教师团队或个人可以从不同方面来回答这个问题。有人可能会引用州标准来说："这就是答案，咱们就这么做吧。"可惜，如果这些标准没有经过仔细考量，那么每位教师可能会有自己的优先排序、理解和应用。也有人会说："教材明确规定了学生应该掌握的知识和技能，所以我们没必要考虑这些问题。"我们都知道这种想法有所偏颇。首先，一个学年里，我们几乎不可能从头到尾地讲完整本教材，也无法确定教师对优先内容的理解是否一致。甚至有些人会说："我教了二十年的古代文明课程。这些主题很有用，我认为这是学生在课堂上应该掌握的内容。"特殊教育工作者可能也有自己的一套标准，基于他们对学生能力的预判。

对这个问题的不同回答导致了同一年级、同一学科的教师在教学方面也会存在显著的差异。以同一所中学的两名六年级学生为例，在这所中学里，教师们依据教材上的课程指南进行授课。

- **案例1**：乔伊的历史老师是史密斯先生，史密斯先生喜欢古埃及的知识。他花了十二周时间来讲授古埃及文明，而这原本只是一个为期三周的单元课程。他深信学生从这个单元课程中可以学到很多东西，而且

他多年来一直喜欢在课程中增加许多有趣的活动。他很难想象学生们在六年级毕业时还没有制作过鸡的木乃伊或金字塔模型。史密斯先生知道这样需要压缩古希腊及其他古代文明的内容才能完成,但他认为这么做完全没问题。

- **案例2**:丽莎的六年级历史老师是约翰逊夫人。约翰逊夫人认为,让学生了解教材中提到的所有古代文明是很重要的。她调整教学进度,确保学生清楚地了解古代文明是如何塑造当今世界的。

乔伊和丽莎学习的历史课程截然不同,因此我们无法明确学生们在进入七年级时掌握了哪些具体的知识和技能。根据迈克·施莫克和罗伯特·J.玛尔扎诺的说法,这会造成**课程混乱的现象**——每位教师基于自身认知独自做出决策。学生学习的内容是基于教师个人的偏好,缺乏一套共识的学习成果体系(Mike Schmoker & Robert J. Marzano, 1999)。

消除课程混乱的现象,并采取行动

特殊教育工作者和其他为特殊需要学生提供支持的工作人员,因为学生个案数量很大,他们通常要处理不同学科中的类似乔伊和丽莎这样的情况。为学生提供支持的特殊教育工作者必须首先考察每位教师的课程目标,然后确定最佳的支持方式。确立共同的学习目标不但有利于特殊需要学生,使特殊教育工作者更容易支持学生(尽管这有一定的压力),而且还能对同一年级的所有学生应该掌握的学科或课程内容达成共识。明确的学习目标、教师之间的协作以及有保障且可行的课程可以确保学生掌握同一标准的知识和技能,进入下一阶段的学习。为了确保实施有保障且可行的课程,我们必须认真对待第1个关键问题。本章中所定义的流程为解决此问题提供了一项方案。

虽然我们建议,最好在校级或学区的层面拆解标准和确定优先级,但本章也为同一年级、学科或课程的教师团队提供了可以立即采取的三个行动步骤。其目的在于让团队更加专注于学生的学习和学习目标,而不是教师的教学,不必等待上一级的指令就可以构建起一门有保障且可行的课程。当特殊教育教师作为平等的合作伙伴与普通教育教师共同参与这三个行动步骤时,所有学生和教师都会从中受益。特殊教育教师可借此为实现个别化教育计划目标和年级要求的学生争取更多的支持。

为了在学校或学区中大规模实施，可以对本章提出的方案做出适当调整，但这需要进一步考虑本章未提及的一些因素。关于在学校或学区层面实施这项工作的更多详细信息，可参阅《共同形成性评估：专业学习共同体实践工具包》(Bailey & Jakicic, 2012)；关于《州立共同核心标准》(CCSS)的具体流程，可参阅《协作落实共同核心标准：专业学习共同体实践工具包》(Bailey, Jakicic, & Spiller, 2014)。

本章所列出的行动步骤是以团队共同完成工作为前提的。我们在描述行动步骤时所提到的团队，是指小学年级团队或中学特定学科/课程团队。在小型学区里，很可能会出现"独行侠"的情况，即每个年级或每门课程只有一名教师。在这种情况下，我们建议进行跨校或跨年级的垂直团队协作。重要的是，教师团队必须包括一起工作的特殊教育教师与普通教育教师。

让我们来看看团队在构建一门有保障、可行的课程时可以采取的三个行动步骤：（1）选择一个新的单元或主题，并确定学生应知应会的学习目标；（2）对学习目标进行优先排序；（3）拆解优先标准。

选择一个新的单元或主题，并确定学生应知应会的学习目标

集体讨论在单元或主题教学中学生应知应会的内容。在这个过程中，团队要准备好任何有帮助的课程表、教学进度指南、州标准、教师教材资源、基于标准的成绩单等。

团队应该记住，在这一阶段，不需要决定哪些是优先内容，他们只是在创建一份列表而已。这份列表并不是教师要在单元中采取的行动，也不是学生即将参加的活动或项目。相反，这份列表是通过单元或主题的学习后学生要达到的符合州、地方或其他标准的学习目标。在这个步骤中，我们很容易陷入"列出所有在单元中进行的活动"的误区，但请记住，要将重点放在学习成果上，而不是要做什么活动。以下语文课和科学课的案例被认为是教学活动，而不是学习标准或目标。

- **语文**：在文本中标注出围绕故事主题的论据。
- **科学**：制作一个太阳系模型。

这两项活动都有助于学生理解和掌握学习目标，但它们并不是学习目标本身。这些活动的学习目标可以包括以下两点：

- **语文**：引用论据来理解指定文本的主题（NGA & CCSSO, 2010a）。
- **科学**：证明地球是太阳系的八大行星之一，这些行星的大小、结构、外观以及环绕太阳的距离各不相同。

上述学习目标明确了学生在学习结束后应该知道什么、能够做什么，而不是为促进和测量学习情况而将要进行的项目、任务或评估。

如果学校对每门学科或课程都有一套通用的教学标准，并且教师都熟悉这些标准，那么团队完成这个过程应该会比较容易。如果目前教学和学习的重点不是基于标准的教学，那么要确定一个单元或重点主题的学习目标会更加困难。在这种情况下，我们建议团队先花时间熟悉州或地方标准，然后再将这些标准与教学单元相匹配。为了决定要熟悉哪些标准文件，团队应该与学校或学区的行政人员合作，以确定一个统一的标准和目标。例如，某个学校或学区可能会根据州标准来确定每名学生应该知道什么、能够做什么，或者可能用一套地方标准来指导教学和学习。如果团队与学校或学区的行政人员沟通后仍不清楚，我们建议以州标准为重点，因为它们很可能是州级评估中要考查的内容。如果团队已经有了一份达成共识的列表，那么可以跳过这个步骤，直接进入下一步骤。

对学习目标进行优先级排序

集体讨论的列表长度取决于单元或主题的深度和时长。如果团队发现列表上只有一两项学习标准，但完成整个单元需要十周时间，那么团队应该讨论一下时长是否合适。完成单元的用时较多，可能是因为标准的严格程度和复杂程度，也可能是学生在学习期间进行了大量的活动。如果是后一种情况，有必要对活动及其效果进行考察，看它们是否有助于学生掌握学习标准。

如果列表很长，那么团队应该考虑进行优先排序，确定所有学生在结束该年级、该学科或课程之前必须掌握哪些内容。这并不意味着团队要取消其他标准；相反，这只代表团队在教学过程中会将优先级较高的标准作为重点，并以更正式的方式进行评估。学生在达成优先级标准时遇到困难，团队会为他们提供额外的时间和支持（Bailey & Jakicic, 2012）。

我们建议团队使用附录 A 中提到的优先排序流程来确定标准的先后排序。在这个流程中，团队需要遵循三个步骤。

1. 每个团队成员分别依据既定的标准来初步筛选优先考虑哪些标准。
2. 团队集体讨论各成员的选择，并共同制定初步的优先标准列表。
3. 最后，考虑其他来源的信息，比如后续年级的标准和责任评估的数据，以此来指导团队做出最终决定。

下一节将详细阐述这些步骤，说明在这一过程中需要注意的重要事项，确定所需的材料，并解释这些步骤。

团队完成了这一步，制定出最终的优先标准列表之后，就可以开始拆解标准，以便更仔细地确定并考察每项学习标准要求学生需要掌握的知识和技能。

拆解优先标准

拆解标准的关键步骤是将标准分解成更小的组成部分，从而深入理解每个组成部分所包含的期望。当团队或教师个人拆解标准时，参与这个过程有助于他们制定教学计划与评估，从而带来更集中、更有效的教学，最终帮助学生达到更高的学习水平。他们甚至可以预判学生可能会遇到困难的领域，并提前规划支持措施。拆解标准能让每一位教师更深入、一致地理解标准和每个组成部分所包含的期望。学生也可以获得真正符合标准的、有一定严谨度和复杂度的教学。我们曾与一名特殊教育教师合作过，她将拆解标准的过程形容为拓宽眼界。她解释道，在与普通教育教师共同拆解标准之前，她曾对标准的要求做出不准确的假设。六年级学生需要达到《共同核心阅读标准》指定的熟练程度："确定文本的主题或中心思想，并说明它是如何通过特定的细节来传达的；提供一份区别于个人观点或判断的文本摘要。"（NGA & CCSSO, 2010a）。由于没有围绕这项标准进行团队讨论，她为学生降低了这项标准，要求他们只需识别文本的主题或中心思想，并列出文本中能表达主题的细节。她还将文本摘要视为一个独立的要素，在教学和评估中并没有将文本的主题、细节和摘要联系起来。后来，当她参加年级团队的每周协作会议时，团队对这项标准进行了讨论。她意识到，学生们需要表现自己能通过文本摘要中的细节来总结主题，并说明这些细节是如何表达出主题的。她还意识到，自己对学生的期望比普通教育教师要低得多，她亟须专注于构建学生所需的支架和支持设施，确保他们能够达到更高的要求。正如该案例所示，拆解标准的过程对于特殊教育教师来说尤为宝贵，因为能够帮助他们确定如何为不同特殊需要的学生提供最佳的学习支持。

贝利和杰基奇（Bailey & Jakicic，2012）将拆解标准描述为一项能够让团队"就标准中所包含的特定学习目标达成明确共识"的策略（p. 79）。他们进一步将学习目标定义为递进式的学习单元，即关于知识、概念和技能的学习步骤，这些学习步骤相辅相成，最终帮助学生达到标准。

团队利用图4.1中的附件，遵循以下七个步骤，将其优先排列的标准拆解为学习目标：（1）确定优先标准；（2）确定技能和知识；（3）确定学习目标；（4）确定严格程度，考察评估类型；（5）确定关键词汇；（6）确定合理的学习进程；（7）确定潜在的支架和支持方式。（关于图4.1的免费可重复版本，见附录A。）

标准：				
学生要做什么（技能或动词）	使用什么知识或概念	思维水平或评估类型	词汇	支架或支持设施
学习进程：				

图4.1 用于拆解标准的附件

在讨论拆解流程的七个步骤时，我们使用了《共同核心标准》中的六年级数学标准，以便团队能够从头到尾地遵循整个流程（NGA & CCSSO, 2010b）：

> 6.RP.A.3——使用比例和比率推理来解决现实世界中的数学问题，例如，通过分析等比表、条形图、双数轴图或方程式进行推理。

此外，在本章的结尾，我们提供了一个使用《共同核心标准》中的两项六年级阅读标准的完整案例（见图4.9）。

步骤1：确定优先标准

团队将会在附件的第一行填写特定教学单元或主题的一到多项标准（图4.2）。

标准：6.RP.A.3——使用比例和比率推理来解决现实世界中的数学问题，例如，通过分析等比表、条形图、双数轴图或方程式进行推理。					
学生要做什么（技能或动词）	使用什么知识或概念	思维水平或评估类型	词汇	支架或支持设施
学习进程：				

该标准的资料来源：NGA & CCSSO, 2010b。

图 4.2　拆解流程步骤 1 的示例

团队会结合其他标准或单独拆解每个单元中的每项优先标准。如果在教学过程中需要将多项标准结合到一起，那么团队可以在文档中同时填写多项标准。例如，以下遵循两项共同核心数学标准的教学很可能需要结合起来。由于学生需要知道非有理数被称为无理数，并且需要理解十进制展开式，从而运用无理数的有理数近似值来比较无理数的大小，在数轴上标出它们的位置，并估算表达式的值。因此，团队成员可能需要一起拆解这些标准（NGA & CCSSO, 2010b）：

8.NS.A.1——知道非有理数被称为无理数。了解每个数都有一个十进制展开式；对于有理数，证明其十进制展开式最终会循环，并将循环的十进制展开式转换为有理数。

8.NS.A.2——运用无理数的有理数近似值来比较无理数的大小，在数轴上大致标出它们的位置，并估算表达式的值。

步骤 2：确定行动（技能）和知识（概念）

团队会在图表中圈出或标出动词，并用下划线标出学生通过这些行动所要执行或展示的知识和概念（图 4.3）。

标准：6.RP.A.3——(使用)比例和比率推理来(解决)现实世界中的数学问题，例如，通过(分析)等比表、条形图、双数轴图或方程式进行推理。				
学生要做什么（技能或动词）	使用什么知识或概念	思维水平或评估类型	词汇	支架或支持设施
学习进程：				

该标准的资料来源：NGA & CCSSO, 2010b.

图 4.3 拆解流程步骤 2 的示例

在图 4.3 中，我们圈出了**使用**、**解决**和**分析**这三个词语。学生将要**使用**哪些知识？他们将要**使用**比例和比率推理，所以把**使用**圈出来。第二个圈出来的动词是**解决**；学生将要**解决**现实世界中的数学问题，所以也把这个概念圈出来。此外，把**分析**圈出来是为了表明学生要能够**分析**等比表、条形图、双数轴图或方程式，进行推理。

步骤 3：确定学习目标

团队将会在拆解标准的图表中逐一填写每个行动中动词和概念的组合（图 4.4）。

在标有"学生将要做什么"的一列填写第一个动词。在标有"使用什么知识或概念"的一列填写相应的知识或概念。第一个动词和概念的组合是"使用比例和比率推理（来解决现实世界中的数学问题）"。第二个动词和概念的组合是"解决现实世界中的数学问题（使用比例和比率推理）"，第三个动词和概念的组合是"分析等比表、条形图、双数轴图或方程式"。第一个学习目标中"来解决现实世界中的数学问题"这个括号内容有助于提醒团队成员：虽然这些技能是单独拆解的，但彼此之间存在着联系，在教学过程中应该予以重视。在"使用什么知识或概念"一列中出现括号内容时，情况同上。以这种方式对标准进行拆解后可以看出，该标准包含了三项具体的学习目标。

标准：6.RP.A.3——(使用)比例和比率推理来(解决)现实世界中的数学问题，例如，通过(分析)等比表、条形图、双数轴图或方程式进行推理。				
学生将要做什么（技能或动词）	使用什么知识或概念	思维水平或评估类型	词汇	支架或支持设施
使用	比例和比率推理（来解决现实世界和数学的问题）			
解决	现实世界中的数学问题（使用比例和比率推理）			
分析	等比表、条形图、双数轴图或方程式，进行推理			
学习进程：				

该标准的资料来源：NGA & CCSSO, 2010b.

图 4.4 拆解流程步骤 3 的示例

1. 使用比例和比率推理（来解决现实世界和数学的问题）。
2. 解决现实世界中的数学问题（使用比例和比率推理）。
3. 分析等比表、条形图、双数轴图或方程式，进行推理。

然而，一项标准中所包含的学习目标并不需要绝对确定。一个团队可能会将这项标准拆解为两个目标，而不是三个。它可以将这两个学习目标定为：

1. 使用比例和比率推理来解决现实世界中的数学问题。
2. 分析等比表、条形图、双数轴图或方程式。

我们很难说哪项决策更好；两者都有利弊。将这项标准拆解为三个学习目标的最大优点是，它为教师提供了一份详尽的掌握标准所需的技能列表。如果将每个学习目标都作为衡量学生在掌握标准过程中的进度的依据，教师也能获得更好的信息反馈，了解学生可能在哪些技能或概念上遇到困难。其缺点是这些技能和概念本应以一种整合的方式来进行教授和评估。当我们以上述方式来拆解标准时，会存在这样的风险：孤立地教授单项标准中的各个学习目标，没有考虑到不同目标之间的相互联系。这可能会导致学生对概念和技能形成碎片化的理解。因此，将这项标准拆解为两个而不是三个学习目标更具优势，因为模糊界定的形式更可能使教师以更整合、连贯的方式进行教授和评估。这样做最大的缺点是，学生在达到标准方面的进度表现不够明确。从特殊教育的角度来看，在合理和可能的情况下，我们建议将目标拆解得更加具体。具体的信息有助于教师更准确地了解学生可能存在的困难，从而提供更高水平的支持。

步骤 4：确定严谨度，考查评估类型

团队将会评估每个学习目标的复杂程度以及与其严谨度相匹配的评估类型（图 4.5）。

标准：6.RP.A.3——(使用)比例和比率推理来(解决)现实世界中的数学问题，例如，通过(分析)等比表、条形图、双数轴图或方程式，进行推理。				
学生将要做什么（技能或动词）	使用什么知识或概念	思维水平或评估类型	词汇	支架或支持设施
使用	比例和比率推理（来解决现实世界中的数学问题）	知识深度第二层次：选择题、构建性回答或表现评估		
解决	现实世界中的数学问题（使用比例和比率推理）	知识深度第三层次：构建性回答或表现任务		
分析	等比表、条形图、双数轴图或方程式，进行推理	知识深度第二层次：构建性书面回答		
学习进程：				

该标准的资料来源：NGA & CCSSO, 2010b.

图 4.5　拆解流程步骤 4 的示例

任何思维分类法都可以用来完成这一步骤。我们在示例中利用美国教育评价专家韦伯提出的知识深度理论（Depth of Knowledge, DOK）来界定严谨度。为了确定学习目标的严谨度，你可以从技能入手，但要结合整体情境来考虑该标准，因为技能并不一定能全面反映。

知识深度是一种认知需求量表（Webb, 2002）。它与其他分类法的不同之处在于，它不仅关注学习目标中的技能要求，还强调技能应用的情境和所需的思维深度。在对特殊需要学生进行教学时，使用该量表可以起到很大的作用；在适当的情况下，还可以帮助他们继续靠近与其年级水平相符的标准。知识深度量表分为四个层次。

1. **回忆**：第一层次要求机械地回忆信息、事实、定义、术语或简单的程序。学生只需要回答是否知道答案。

2. **技能与概念**：第二层次要求进行超越知识记忆或重现，调动心理加工或决策能力。这一层次的任务通常有多个步骤，例如，对数据进行整理和比较。

3. **策略性思考**：第三层次要求的思维水平高于第一层次和第二层次，包括有多种解决方案的活动或情境，因此需要为论点或过程提供理由或支持。

4. **拓展性思考**：第四层次具有高认知的要求，学生需要跨内容领域或情境来整合观点，并将这些信息概括出来，以解决新的问题。这一层次的许多任务都需要大量的时间才能完成，因为学生需要完成多个步骤，比如多变量研究和系统性分析。

让我们来看看示例中第一个学习目标的知识深度层次和评估类型。在"思维水平或评估类型"一列中，第一个学习目标"运用比例和比率推理（来解决现实世界中的数学问题）"被归为知识深度第二层次，因为它要求学生运用他们的比例和比率知识来解决问题，故而使学习目标超越了简单的知识记忆或重现。在认识到该学习目标属于知识深度第二层次、学习期望并不只是简单的知识记忆后，团队应该讨论哪种评估类型最适合用来衡量学生是否达到了预期的严谨度。如果要求学生运用比例和比率知识来解决现实世界中的教学问题，那么评估问题也需要超越简单的术语复述。请注意，示例中列出的评估类型包括选择题、构建性回答和表现评估。

在这种情况下可以使用选择题，但要包含需要学生使用比例和比率知识的情景。但如果以总结性评估来检验学生对这一学习目标的整体掌握情况时，要求学生辨别比例或比率的定义显然并不合适。学生对术语的理解更适合作为一项形成性评估，可以了解学生对基本词汇知识的掌握情况。对于这一类学习目标，构建性回答或表现任务是最合适的评估类型，因为它要求学生自己构建答案，而不是从列表中选择答案，从而能更全面地展示他们的知识。这一步有助于团队仔细审查每个学习目标的预期严谨度，确保在教学和评估过程中的严谨度与预期相匹配。第六章中包含了更多关于评估策略的信息。

在考量学习目标的预期严谨度时，教育工作者要避免为了特殊需要学生对目标的预期严谨度进行调整。更有效的做法是，确定使用哪些必要的教学支架和支持设施来确保特殊需要学生达到预期的严谨度，而不是从低于学生适龄的年级水平开始教学。这一决策体现了我们致力于真正帮助学生缩小差距，因为我们会持续关注学生在达到相应年级学习目标方面的进展情况。但这一决策应该仅限用于我们最需要帮助的学生。本书第三章中提供了如何制订评估决策的指南。

步骤5：确定关键词汇

图4.6中显示了团队如何确定要明确教授给学生的词汇，以增强他们对学习目

标的每个组成部分的理解。

标准：6.RP.A.3——(使用)比例和比率推理来(解决)现实世界中的数学问题，例如，通过(分析)等比表、条形图、双数轴图或方程式，进行推理。

学生将要做什么（技能或动词）	使用什么知识或概念	思维水平或评估类型	词汇	支架或支持设施
使用	比例和比率推理（来解决现实世界中的数学问题）	知识深度第二层次：选择题、构建性回答或表现评估	·比例 ·比率	
解决	现实世界中的数学问题（运用比例和比率推理）	知识深度第三层次：构建性回答或表现任务	·解决	
分析	等比表、条形图、双数轴图或方程式	知识深度第二层次：构建性书面回答	·等比 ·图/表 ·分析	
学习进程：				

该标准的资料来源：NGA & CCSSO, 2010b.

图 4.6　拆解流程步骤 5 的示例

我们知道在学习中词汇的重要性，以及它在所有学科知识获取过程中的关键作用。根据玛尔扎诺的研究，明确地教授给学生学科专有词汇非常重要（Marzano, 2004）。我们发现，当教师强调词汇在实现学习目标中的重要性时，学生在理解相关概念与技能方面时，困难就会减少。例如，当与我们合作的一个学区中的教师开始教授共同核心英语标准（Common Core ELA standards）中所包含的词汇时，学生在理解**推论**、**主题**和**判断**等词语方面会比之前更好。教师们还发现，与这些概念相关的干预和支持也可以相应地减少。这对于特殊需要学生尤其有用，因为他们可能在词汇理解上存在困难，而明确的教导可以帮助他们理解在教学和评估过程中频繁出现的词语。

让我们来看一个示例，通过共同核心数学标准来理解第一个学习目标"使用比例和比率推理（来解决现实世界中的数学问题）"中的术语。比例和比率这两个词语对于学生理解这一学习目标十分关键。事实上，如果学生不懂什么是比例和比率，也不懂如何应用，那么他们很可能无法解决相关的问题。因此，教师必须在教学中融入对这些关键术语的意义和应用的明确指导。值得注意的是，在这个示例的其余学习目标中，我们可以直接从目标本身找出词汇。在拆解标准的过程中，团队应该建立一个包含这些术语的词汇表，也可以根据需要添加其他关键术语。

步骤6：确定合理的学习进程

在完成步骤1—5之后，标准中预期的学习目标便初步明确，团队也会对这些学习目标有更深刻的理解。在步骤6中，团队将会回顾在整个拆解标准的过程中收集到的所有信息，从而制定出合理的学习顺序或进程。

W.詹姆斯·波帕姆（W. James Popham, 2007）将学习进程定义为"学生在实现更长远课程目标的过程中必须掌握的一套精心编排的构建模块"（p83）。在这种情况下，更长远的课程目标就是学习标准。学习目标，包括对知识深度层次和词汇的考虑在内，是学生为了达到完全熟练掌握标准过程中必须掌握的一部分基础内容。为了制定一套学习进程，团队首先会查看每个学习目标所对应的知识深度层次，并将其中的概念和技能按照从简单到复杂进行组织。然后，团队会决定是否需要在学习目标中添加其他未明确列出的内容，来完善学习进程。在共同核心数学标准的示例中，我们从定义和应用关键术语的基础技能开始学习进程。我们认为，学生能理解并运用这些术语来解决现实世界中的数学问题非常重要。在学习进程中，我们引入了耐力、韧性和毅力的理念，因为我们认识到，虽然标准或任何学习目标中都没有直接提及这一点，但这些品质的欠缺往往会导致学生在解决问题时遇到困难。这一理念得到了宾夕法尼亚大学的心理学家安吉拉·达克沃斯（Angela Duckworth）的支持，她长期地研究过毅力和韧性这两项品质。她的研究表明，毅力可能和智力一样重要。在一项研究中，她和同事们发现，在智力测试中得分较高的学生往往毅力水平低于那些得分低的学生。这项研究还表明，绩点最高的学生可能是最具韧性的学生，而不是智力水平最高的学生（Grade Point Average, GPAs）（Duckworth, Peterson, Matthews, & Kelly, 2007）。另一项相关研究向学生和教育工作者表明，刻意练习并不容易，有时学生会遇到困难，感到困惑或沮丧，或者不知道如何坚持到完成任务。这项研究的理论表明，可以通过改变信念来帮助学生提升毅力，即让他们能更加努力或坚持不懈地做到掌握一项技能或了解一个概念（Perkins-Gough, 2013）。这对于所有教育工作者都是个好消息，尤其是对那些与难以掌握年级学习目标的学生打交道的特殊教育工作者来说。

标准：6.RP.A.3——(使用)比例和比率推理来(解决)现实世界中的数学问题，例如，通过(分析)等比表、条形图、双数轴图或方程式，进行推理。					
学生将要做什么（技能或动词）	使用什么知识或概念	思维水平或评估类型	词汇	支架或支持设施	
使用	比例和比率推理（来解决现实世界中的数学问题）	知识深度第二层次：选择题、构建性回答或表现评估	・比例 ・比率	
解决	现实世界中的数学问题（使用比例和比率推理）	知识深度第三层次：构建性回答或表现任务	・解决	
分析	等比表、条形图、双数轴图或方程式	知识深度第二层次：构建性书面回答	・等比 ・图/表 ・分析	
学习进程： ・定义和应用比例和比率的概念。 ・理解用于比例和比率的等比表、条形图、双数轴图或方程式。 ・理解和应用分析、推理的概念。 ・以耐力、毅力和韧性来解决问题。 ・解决现实世界中的数学问题，将问题分解成更小的步骤，并运用所学的知识。				

该标准的资料来源：NGA & CCSSO, 2010b.

图 4.7 拆解流程步骤 6 的示例

学习进程将会有助于每位教育工作者确定不同学生掌握目标要求的最佳途径，并确保学生在接触难度更高的概念之前，已经掌握了一些较为简单的概念。我们希望这种成功的经验能帮助学生提升耐力、韧性和毅力，这样在学习更复杂的概念时他们能坚持下来。根据波帕姆（Popham, 2007）的观点，学习进程提供了一份"标明关键里程碑"的路线图。如果教师在开始教学前就明确了教学的阶段性节点，那么教学和评估的过程中也会更容易将节点与教学内容结合起来。学习进程为教师提供了一种系统的方法来"收集学生在掌握标准方面的进度情况"（p. 83）。好消息是：波帕姆强调，"在任何高阶的课程目标背后，都不存在唯一、普适且绝对正确的学习进程"。尽管"深思熟虑、用心良苦的教育工作者"可能会设计出截然不同的学习进程，但关键在于"几乎任何精心构思的学习进程，都比教师的即兴决策更有利于学生的发展"（Popham, 2007, p84）。完成分析学习进程这一步之后，团队就可以进入下一个步骤：确定学生在学习过程中可能需要的支架和支持设施。

步骤 7：确定潜在的支架和支持设施

有些学生不可避免地会在推进学习进程中遇到困难。如图 4.8 所示，确定潜在的支架和支持设施是确保所有学生都能有效学习的关键步骤。

在这个步骤中，教育工作者需要在教学开始前考虑学生可能需要的支架和支持设施；通过分析学生的作业或评估结果来对教学列表进行补充和调整，可以使教师更精准地了解学生面临哪些具体的困难。我们围绕第一个学习目标"使用比例和比率推理（来解决现实世界中的数学问题）"所设计的支架和支持设施包括：为概念理解有困难的学生提供专项词汇练习。我们建议从简单的题目开始培养技能，再逐步过渡到更复杂的题目。不过在使用简单的题目时，请始终牢记，我们的目标是使所有学生掌握符合其年级水平的学习目标；因此，教育工作者在提供支架和支持设施时，必须不断提高标准。本示例中采用的支架和支持设施都已经经过了我们与合作教师的实践验证。提供支持的方法多种多样，团队协作的价值之一在于整合不同团队成员的成功策略。

标准：6.RP.A.3——(使用)比例和比率推理来(解决)现实世界中的数学问题，例如，通过(分析)等比表、条形图、双数轴图或方程式，进行推理。

学生将要做什么（技能或动词）	使用什么知识或概念	思维水平或评估类型	词汇	支架或支持设施
使用	比例和比率推理（来解决现实世界中的数学问题）	知识深度第二层次：选择题、构建性回答或表现评估	·比例 ·比率	·词汇练习或小组作业。 ·用简单的数字或变量来练习。一旦学生掌握了简单的知识，就增加含有更复杂的数字或变量的问题。 ·用视频片段演示某个过程、技能或概念，并为学生提供可以反复观看的访问权限。 ·展示并集体讨论比例的不同表达——2 比 5、2/5、2:5、40%、0.4 是用来描述同一比例的不同方式。

续表

学生将要做什么（技能或动词）	使用什么知识或概念	思维水平或评估类型	词汇	支架或支持设施
解决	现实世界中的数学问题（使用比例和比率推理）	知识深度第三层次：构建性回答或表现任务	·解决	·模拟解决问题的策略，或者进行小组练习。 ·帮助学生将问题可视化，或者使用教具来演绎问题。
分析	等比表、条形图、双数轴图或方程式，进行推理	知识深度第二层次：构建性书面回答	·等比 ·图/表 ·分析	·分析简单的表格，练习推理，等等。

学习进程：
·定义和应用比例和比率的概念。
·理解用于比例和比率的等比表、条形图、双数轴图或方程式。
·理解和应用分析、推理的概念。
·以耐力、毅力和韧性来解决问题。
·解决现实世界中的数学问题，将问题分解成更小的步骤，并运用所学的知识。

该标准的资料来源：NGA & CCSSO, 2010b.

图 4.8　拆解流程步骤 7 的示例

不同领域的研究人员和专家提出了多种循证教学的策略，可能会有助于团队拆解标准。例如，一些学者综述了针对特殊需要学生对记叙文和说明文进行阅读理解的有效教学方法（Russell Gersten, Lynn S. Fuchs, Joanna P. Williams & Scott Baker, 2001）。另一些学者研究了为有学习障碍的学生提供的科学类阅读指导，并提出了一些提高科学说明文阅读理解能力的有效方法（William J. Therrien, 2015）。堪萨斯大学的学习研究中心（the University of Kansas Center for Research on Learning）开发了包括阅读、写作、数学、激发学习动机、信息记忆和人际互动等领域在内的多种策略，旨在帮助学生有效地提升理解信息和解决问题的能力。[①]我们曾与使用过该中心的造句和段落写作策略且获得成果的特殊教育工作者合作。这些教师反馈，学生在学区的写作基准评估中取得了显著进步，并且能跨学科应用这些写作策略，教师们对此深受鼓舞。

图 4.9 中展示了以相同的形式拆解两项共同核心阅读标准的整个流程，来说明

---

① 编注：可访问该中心的网站 www.kucrl.org/sim/strategies.shtml 获取更多信息。

结合两项标准用于教学和评估的重要性。

教师个人和团队在参与本章列出的拆解流程的过程中，会逐步制订出有保障且可行的课程，能更一致地确定学生的学习目标，明确学生应该学习的内容以及熟练掌握学习标准的具体表现。所有教育工作者，尤其是那些与特殊需要学生打交道的教育工作者，都能从具有一致性、通俗易懂且全面的学生学习目标中受益。贾森·基农（Jason Keenon）是基尔迪尔乡村社区融合学校第96学区的一名信息素养教练，他和普通教育的同事们协作参与了拆解标准的过程，以确保教学单元与《社会研究州立标准》（National Council for the Social Studies, 2010）中的"大学、职业和公民生活（C3）"框架相一致。他对于有机会收获这样一份预先考虑到学生在标准掌握过程中所需的支持策略和支架设施的教学计划表示感激。关于教学的协作讨论不仅使他能更清楚地理解教学标准中的要求，还能协助普通教育工作者真正地理解特殊需要学生需要哪种教学。最重要的是，他认为这项工作对于学生的价值无可估量，当教师仔细考量每个教学环节，并精心设计满足学生个体需求的教学单元时，就能够为这些学生带来显著的影响。这个过程使得教师能够为**所有**学生提供一致的严谨教学，从而助力学生在进入大学或职场时取得成功。

标准：RL.6.1——引用文本中的内容作为证据来分析文本，以及从中得出推论。 RL.6.2——确定文本的主题或中心思想，并说明它是如何通过特定的细节来传达这些内容的；提供一篇区别于个人观点或判断的文本摘要。				
学生将要做什么（技能或动词）	使用什么知识或概念	思维水平或评估类型	词汇	支架或支持设施
引用	文本中的内容作为证据来分析文本	知识深度第二层次：构建性回答	·引用 ·证据 ·分析	阅读文本，确定在理解文本中的复杂内容方面学生可能存在的问题。
分析	文本表达的内容（使用文本证据）	知识深度第二层次：A/B选择题（基于证据的选择题）或构建性回答	·表达	·使用证据进行模拟分析。 ·请查看此图表的最后三行，将证据分析与主题结合起来。
分析	从文本中得出推论（使用文本证据）	知识深度第三层次：A/B选择题（基于证据的选择题）或构建性回答	·推论	·确保学生对推论的理解。 ·请查看此图表的最后三行，将证据分析与主题结合起来。

续表

学生将要做什么（技能或动词）	使用什么知识或概念	思维水平或评估类型	词汇	支架或支持设施
确定	文本的主题或中心思想	知识深度第一层次：选择题或简答题	·确定 ·主题或中心思想	·使用词汇。 ·构建背景知识。 ·通过练习从短文或小组活动中识别主题来培养技能。 ·指导学生以小组的形式使用便利贴进行注释 ·使用精读的方法，重点关注引导我们识别主题的问题。
确定	如何通过特定的细节来传达主题	知识深度第二层次：选择题或构建性回答	·传达 ·细节	·指导学生以小组的形式进行识别细节的练习。 ·使用卡片分类法，在每张卡片上记录细节，或者根据主题对卡片进行分类。 ·使用精读的方法，重点关注引导我们识别重要细节的问题。
提供	一份区别于个人观点或判断的文本摘要	知识深度第二层次：表现任务	·摘要 ·区别 ·观点 ·判断	·指导学生进行摘要写作步骤练习。 ·使用思维导图将主题和细节整合在一起，以指导学生进行摘要的写作。

学习进程：
· 理解这些标准中使用的关键词汇（引用、证据、分析、表达、推论、确定、主题或中心思想、传达、细节、摘要、区别、观点、判断）。
· 理解文本中的细节（证据）是如何传达主题的。
· 明确文本是如何通过特定的细节来传达主题的，并能够引用这些细节作为文本证据。
· 理解优质摘要的构成要素。
· 学会根据文本中的细节（证据）而非个人观点或判断来撰写摘要。
· 写一篇摘要，概述故事的主题，并提供文本中的相关细节（证据）。

该标准的资料来源：NGA & CCSSO, 2010a.

图 4.9 拆解两项相互关联的共同核心阅读标准

我们能行：推进教学工作的关键因素

通过教师协作确定学生的学习目标，对目标和标准进行优先排序，继而拆解这些优先标准，这样协作团队得以采取行动来支持学生，为学生提供掌握知识的路径。当协作团队在进行这些步骤时，请牢记以下的关键原则。

- 开始一个教学单元之前，确定好学习目标，并就此达成共识。
- 协同制订教学标准的优先次序，否则教师们容易各自为政，造成同年级的学生对同一课程所学的内容各不相同。
- 花时间协作拆解这些标准，教师从这个过程中获得的经验将会使学生受益匪浅。
- 利用学习进程来规划教学和评估，并以此指导干预措施。

至此，教学团队已经对拆解流程有了扎实的掌握，第五章中我们将会帮助教师为学生设计符合标准的教学方案。

第五章
设计符合标准的教学方案

> 将人们当作他们应该成为的人来对待,你对待他们的方式就能帮助他们成为能够成为的人。
>
> ——约翰·沃尔夫冈·冯·歌德
> （Johann Wolfgang von Goethe）

美国各地的教育工作者正在设计符合《州立共同核心标准》期望、学术上更严谨的教学计划。对于那些尚未采用这一共同核心标准的美国各州的学校而言,它们的教学预期要么始终保持较高水平,要么已然有所提高。无论各州的学校的教学标准是什么,在一定程度上,教学的转型都会体现学校和教师为培养学生的未来竞争力而追求的目标。

在学术方面,严谨度要求的提升既带来了挑战,也带来了机遇。挑战在于,许多学生需要大量的支持和支架设施才能达到更严格的要求。而机遇在于,这是个很好的机会,培养那些有知识、技能和思维能力的学生,帮助他们在自己选择的事情上取得成功。那么,我们该如何应对挑战和机遇,帮助特殊需要学生以及其他需要高水平支持和指导的学生实现这些目标呢？本章将会重点讨论如何针对学生的需求来制定专门的教学计划。

定义教学转型

《州立共同核心标准》和其他修订版标准都强调了做好准备培养学生进入大学和职业生涯中需要掌握的知识和技能的重要性。教学标准有助于定义教学转型,这是确保学生为未来做好准备所必需的。表 5.1 和 5.2 分别总结了《州立共同核心标准》中语文和数学科目的教学转型,并说明了这些教学转型对特殊需要学生产生的影响。

表 5.1 《州立共同核心标准》中语文科目的教学转变

转变	对特殊需要学生的教学影响
平衡信息类文本和文学类文本：学生阅读的信息类文本和文学类文本达到真正的平衡。	教师要让所有学生接触复杂的信息类文本，不能因害怕挫败感而不这么做。
学科知识：学生通过阅读文本而不是教学或活动来获取某个方面（内容领域）的知识。	教师为学生提供阅读文本的机会，并通过精心提供的教学支架来帮助学生提高理解能力。教学时教师把重点放在原文本上，而不是自行制作的演示文稿和笔记上，这些材料都是从文本中提取出来的信息，它们会降低学生理解复杂文本的难度。
复杂阶梯：教师耐心地在课程中为学生提供更多的时间、空间和支持，让学生对适合其年级水平的复杂文本进行精读。复杂阶梯意味着每个年级都有合适的文本复杂程度范围，教师在教学过程中应使用该范围内的文本。	教师会提供具有一定难度的文本，并提供必要的支架和策略，帮助学生学习如何掌握这些文本。他们把大部分教学内容集中在与年级水平相符的文本上。偶尔适当降低文本复杂度可能有助于提高学生对高难度文本的理解能力。教师必须让所有学生都有机会接触符合年级水平的文本。
基于文本进行回答：学生基于证据来展开丰富、严格的文本讨论。	教师为学生提供通过复杂的问题讨论文本的机会。他们会避免降低问题或任务的难度，而是引导学生处理复杂的问题和任务。
根据资料来源进行写作：教师强调学生在写作中应该从各种资料来源获取证据来支持或论证自己的观点。	教师经常为学生提供写作的机会，并给予他们许多有助于成长的反馈。
学术词汇：学生不断积累所需的可迁移词汇，以便能够理解与其年级水平相符的复杂文本。这可以通过逐步增加文本内容的难度来有效地实现。	教师始终把词汇放在教学的首位；当学生需要学习上的支持时，教师会回到词汇的教学上。

资料来源：改编自 Engage New York, 2021。

表 5.2 《州立共同核心标准》中数学科目的教学转变

转变	对特殊需要学生的教学影响
重点：教师缩小和深化在数学课堂上投入时间和精力的范围，只把重点放在标准中优先的概念上。	教师把重点放在优先概念和技能上，从而缩小提供支持的领域。

续表

转变	对特殊需要学生的教学影响
连贯性：校长和教师精心地将各年级的学习内容贯穿起来，让学生能够在以往所学的基础上构建新的理解。	教师使用日常生活中的例子来呈现知识之间的联系。教师使用的是通俗易懂的语言。
流利度：学生通过简单的计算来培养速度和准确性。教师安排课堂时间、作业时间或两者相结合，让学生通过重复来记忆核心函数。	教师通过重复、使用视觉效果和教具来培养流利度。
深度理解：学生在往下学习之前，能够深刻地理解数学概念，并轻松地用数学概念进行运算。他们学习的不仅仅是得到正确答案的技巧，而是真正的数学知识。	教师先让学生用简单的概念进行练习，然后再逐步教授更复杂的概念。教师使用教具来演示概念。
应用：在没有提示的情况下，学生也能够运用数学知识，并且选择合适的概念来进行应用。	教师为学生提供在从简单到复杂的情境中练习应用概念的机会。
双重强度：学生边练习边理解。在课堂上，这两种活动并不仅仅是达到一种平衡，而且都是以高强度在进行。	教师使用视觉模型和教具来加深学生对概念的理解，并学会应用。

资料来源：改编自 Engage New York, 2012。

除了上述的教学转型以外，在理想的情况下，符合《州立共同核心标准》要求的学生应具备以下能力：独立自主；有扎实的知识基础；能够根据受众、任务、目的和学科的不同要求做出回应；兼具理解力和批判思维；重视证据；能够有策略地运用技术和数字媒介；理解不同的观点和文化（NGA & CCSSO, 2010a）。这不正是我们希望所有学生都能学到的东西吗？教育工作者普遍同意这是学生的目标，但他们还需考虑学习目标的掌握程度、技能缺陷的补救及影响特殊需要学生的其他因素，以及如何实现这些目标。这里没有一蹴而就的答案，但我们以专注于教学标准中的目标为开始，确定最有效的支架和支持策略，并据此制定出相应的教学计划。

精准制定特殊需要学生的教学计划

对于教育工作者来说，为特殊需要学生制定语文和数学的教学计划往往是最具有挑战性的教学任务。教育工作者希望自己的学生能获得成就感，所以有时会做出一些实际上对学生不利的行为，比如降低文本难度，或者过度简化作业、任务或评估，以至于学生几乎达不到目标要求。

绝大多数特殊需要学生能够做到的远超出预期。一项针对四年级数学成绩的分析显示，与普通学生一样，有些特殊需要学生在评估中得分较低，而另一些则得分较高。某些特殊需要学生甚至有足够的能力与普通学生一样达到最高的熟练程度（Gong & Simpson, 2005）。这些数据说明了"特殊需要不等于没有能力"。

美国教育部特殊教育和康复服务办公室助理秘书迈克尔·尤丁（Michael Yudin, 2014）表示，在美国，许多特殊需要学生在高中毕业后并没有具备能在社会上立足所需的知识和技能。事实上，他透露"在国家教育进展评估（National Assessment of Educational Progress）中，只有不到10%的八年级特殊需要学生能在阅读和数学领域达到熟练掌握程度"。他认为在一定程度上，这是因为对特殊需要学生的期望较低，限制了他们接受教育的机会。尤丁呼吁我们要"做得更好"，"对学生有更高的期望，并且在国家层面对他们的教育承担起责任"。

为了进一步说明这一点，让我们来看看专业学习共同体的第4个问题：如果部分学生已经掌握了这些知识，我们该如何应对？毫无疑问，在教学开始前或单元教学前期，会有一些特殊需要学生对某些概念和技能就有了深刻的理解。当学生在特定的学习目标或课程概念上表现得高度熟练时，普通教育工作者和特殊教育工作者的协作团队需要考虑原因，并总结信息来指导其他课程教学。这是一个通过优势来了解特殊教育学生的机会，不能只关注学生的缺陷。根据唐纳德·O.克利夫顿和詹姆斯·K.哈特的观点，"比起在自己不擅长的领域付出努力，人们在天赋上付出同样的努力会收获更多"（Donald O. Clifton & James K. Harter, 2003, p. 112）。如大多数特殊需要学生所做的那样，当学生把大部分时间投入在自身的薄弱环节上时，他们的某些技能可能会有所提高，但这种做法并不总能激发学生的动机或提高参与度。

作为教育工作者，我们面临的最大挑战是如何触及学生的心灵和思想。关注特殊教育学生的优势，让我们有机会认识他们的本质，而非他们的缺陷（Clifton & Anderson, 2002）。在《课堂上的神经多样性：基于优势帮助特殊需要学生在学校和生活中取得成功的策略》一书中，托马斯·阿姆斯特朗（Thomas Armstrong, 2012）引导读者思考自己在学业或生活中遇到的最大困难，从而帮助他们正确地看待这个问题：

"假设你通过测试发现自己在某方面需要帮助，然后被送往一个特殊项目，

在那里你的大部分时间都专注于这方面。这听起来并不是个好方案，但这是许多特殊需要学生每天都要面对的情况。"(p. 12)

托马斯显然反对这种做法，他建议在学校和生活中帮助特殊需要学生时，要以学生的优势为出发点。把特殊需要学生视为"资产"，而不是"债务"。正如他在书中（Armstrong，2012）所指出的那样：

"如果我们对特殊需要学生的了解仅限于他们的负面因素——考试成绩低、评分等级低、负面行为报告和以缺陷为导向的诊断标签——那么我们进行有效的差异教学的能力就会受到严重限制。"(p. 13)

虽然满足特殊需要学生的特定需求至关重要，但重视学生已经掌握的知识和技能也同样重要。这种平衡让我们有机会基于学生的优势来促进其发展。

我们能够为特殊需要学生提供尊重他们能力和优势的教学，并制定专门的教学计划，确保他们能接触到高质量的教学，从而获得最大的成功机会。教育工作者必须认识到，为特殊需要学生制定有效的教学方案并不代表：
- 降低课程的教学目标或采用低于年级水平的课程
- 简化标准、任务、文本或概念中的复杂部分
- 持续使用不符合年级教学目标的材料或资源
- 使用难度低于年级阅读水平的简单文本
- 在学生遇到困难的任务或概念时给予过度帮助

如果上面这些做法并不可行，那么什么样的做法才对？表5.3中详细阐释了这一点。

表 5.3 为特殊需要学生量身定制的教学方案

量身定制的教学方案并不代表	量身定制的教学方案需要
将标准或教学的期望降低	拆解年级标准（见第四章），确定合理的学习进程任务，并预测学生可能需要哪些支持和支架才能成功地达到标准

续表

量身定制的教学方案并不代表	量身定制的教学方案需要
简化标准、任务、文本或概念中的复杂部分	拆解年级标准（见第四章），确定标准中最严格的部分，并分析学习进程，以确定如何确保学生掌握标准中最严格的部分
持续使用不符合年级期望的材料或资源	从与年级水平相符的材料和资源开始，分析学习进程，以便在教学前预测每项资源如何为每名学生提供支持
提供低于年级阅读水平的文本	从与年级阅读水平相符的文本开始，分析学习进程，以便在教学前预测哪些学生尚未达到年级阅读水平，并为他们提供文本阅读的教学支架
在学生遇到困难的任务或概念时给予过度帮助	允许学生有效地应对困难，并预测学生在哪些方面可能会遇到困难，提前做好规划，同时留意具有破坏性的困难

为了能更深刻地理解并确保有效的制定教学方案，让我们来看看必须采取的五项措施：（1）拆解课程标准，分析合理的学习进程；（2）关注标准中最复杂的方面；（3）重视用于教学的材料和资源；（4）提供文本阅读的教学支架，以支持学生达到年级阅读水平；（5）让学生尝试自己应对困难，提前做好规划，同时留意具有破坏性的困难。

拆解课程标准，分析合理的学习进程

精准的教学计划要求教育工作者拆解标准，确定学生需掌握的知识和能力，预判学生的需求，从而为他们提供适当的支持和支架设施。拆解标准的流程使教师有机会深入理解标准中所包含的对学生的期望，并能够根据学生的需求精心考虑最佳的教学方法。当教育工作者认识到多元化的课堂是常态而非特例时，他们必须能够预判，为了让所有学生都达到标准，应该提供哪些具有针对性的教学，这不仅要考虑学生的熟练程度，还要考虑学生的个体差异，包括文化、兴趣和先前经验。教师可以利用这些信息为每名学生提供有意义的学习体验。

认真分析学生掌握知识的进程是非常重要的，因为教师可以通过了解每名学生的教学需求来预测他在哪些方面可能会遇到困难，并设计出相应的教学方案。第四章中已经详细探讨了这个主题。

关注标准中最复杂的部分

拆解标准可以帮助教师深入了解标准中要求最高的部分。了解学习进程和标准所要求的技能复杂程度有助于教师合理规划教学时间和支持策略，确保学生能掌握这些部分。学习进程中复杂的学习目标与简单的学习目标相比学生需要更多的学习时间和支持，因此教师应该把更多的教学时间放在复杂的学习目标上。如果学生在学习较简单的知识和技能时仍然存在困难，那么可以考虑为学生增加更多的教学时间和个别化支持（例如，在上学前或放学后、午餐时间等），确保学生有机会学习标准中更复杂的部分。

重视用于教学的材料和资源

我们认为，用于教学的大多数材料和资源应该达到或高于年级水平，用三年级或四年级的课本和材料来教六年级学生的做法并不可取。虽然偶尔可以使用低于年级水平的材料作为辅助教学的手段，但让学生接触并掌握年级水平的材料才是最重要的。

提供文本阅读的教学支架，以支持学生达到年级阅读水平

提供文本阅读的教学支架有助于满足存在阅读困难的学生的需求。这也是读写专家们争论的话题之一。多年来，读写专家一直认为，教师应该按照适合学生的阅读水平来进行教学，而学生的阅读水平取决于他们识字和回答文本问题的能力。从理论上讲，一本适合学生阅读水平的书应当：

"能够帮助学生提高阅读准确性、流利度和理解能力，同时在学习过程中适当提供一些需要他们回答的问题。通过阅读不同水平的读物，学生可以在接触有适当支持和挑战的文本的同时扩展阅读知识和技能。"（Strauss, 2014）

这意味着，如果一名五年级的学生实际上适合使用三年级水平的文本，这时教师可能会使用三年级的文本对其进行教学。虽然一直有人反对这种观点，但大多数人还是乐意继续这么做，因为专家们认为这是合理的。当前，人们普遍认为这种做法适用于幼儿园到二年级的学生。伊利诺伊大学芝加哥分校的城市教育荣誉教授蒂莫西·沙纳汉指出，共同核心标准是这场争论的驱动因素：

"这场争论是由共同核心标准所引发的，因为这些标准明确规定了学生掌握阅读能力需要使用相应难度的文本。与以往忽视学生阅读能力的标准不同，共同核心标准为二年级到十二年级的学生明确规定了特定的文本难度等级。之所以引发争论，主要是因为如果学生始终接受符合自己水平的教学，那么他们在高中毕业时很难达到进入大学或就业的标准水平。"（Timothy Shanahan，2014a）

沙纳汉认为，"富有挑战性的文本是让学生最大限度地进行学习的理想途径"（Shanahan，2011），并且"当学生阅读难度大的文本时，他们需要教师最大限度地提供支架和支持"（Shanahan, 2014b）。沙纳汉还认为，教师才是支架，而非文本。我们充分认识到，教师需要持续、有针对性的专业培训，以便学习如何更好地支持有阅读困难的学生。要在美国各地的学校有效地推进这种转变，关键是改变人们对学生能力的认识，以及改变教师对如何支持学生阅读更复杂的文本的理解。

那么教育工作者应该怎么做呢？我们认为，最好的做法是提供适当的教学和让学生有机会体验年级水平的文本。当年级水平的文本对学生来说具有较大难度时，教师应当为学生提供支持和支架设施，让学生学习如何掌握有挑战性的文本。教师在提供了大量的辅助之后，可以逐步放手，然后帮助学生建立一套方法，以便学生在遇到复杂的文本时能用上。学生在学业和未来职场中也经常会遇到这样的文本。

允许学生有效地应对困难，并提前做好规划

让我们深入探讨一下如何才能"有效地应对困难"。学生怎样做才是有效地应对困难？我们又该如何判断学生遇到的困难是否具有破坏性？

让教师眼巴巴地看着学生独自应对困难并不容易，正如父母见不得自己的孩子受苦一样，但我们要记住，适当的困难也可以是一件好事。事实上，废奴主义者费雷德里克·道格拉斯（Frederick Douglass）在1857年西印度解放演讲中的那句名言至今仍发人深省："如果没有困难，就没有进步。"（Douglass, 1985, p. 204）。那么，作为教师，我们该如何寻找到平衡点，既能让学生经历恰到好处的困难，不断取得进步，又能倡导特殊需要学生的权益？在一次采访中，罗宾·杰克逊（Robyn Jackson）指出，当学生变得无计可施并基本放弃时，这样的困难就具有破坏性。这时，教师可能会看到一名沮丧、泄气甚至愤怒的学生。杰克逊和兰伯特提醒我们，这类反应可能是习得性无助的结果（Jackson & Lamber, 2010）。学生可能会过于依赖教师的帮助，以至于当教师不在场时，学生就不知道该怎么做（Allen，2012）。教师持续地为遇到困难的学生提供帮助时，极有可能就在制造这种情况，而这恰恰是教师们想要极力避免的状况。教师出于关心学生的社交和情感健康，往往不希望学生感到沮丧或愤怒，于是他们会迅速介入并援助学生。不幸的是，这种做法可能会适得其反，一旦学生在家中或教师不在场的时候遇到困难，他们会变得更加沮丧。

我们认为，规避破坏性困难、创造有效性困难的关键是在教学开始前进行全面、严谨的规划。拆解标准和制定学习进程会有助于教育工作者仔细考虑教学过程，确定每名学生可能需要哪些知识和技能才能取得成功。这个过程也会有助于教育工作者提前规划好何时及如何介入需要支持的学生，同时努力培养学生的毅力和耐力，以及能够坚持完成挑战性任务的能力。在与里克·艾伦的对话中，罗宾·杰克逊表示，我们不需要"寻找大方案来解决大问题"。相反，我们要通过即时反馈、尝试策略和工具，或者提供同伴导师等方法实现支持。罗宾·杰克逊提醒我们："严谨教学的一个重要标志就是学生能独立地思考和学习。"如果我们希望学生为大学和职业生涯做好准备，那么我们应该同样重视培养他们的独立能力，而不仅仅是学业知识。这也是教学的一部分。杰克逊指出，"严谨的品质离不开严谨的教学——如果我们希望为孩子们培养严谨的学习能力和思维，那么我们必须在教学中更加严格"（Allen，2012）。为了培养学生的独立能力，让他们面对困难是很重要的。但是，教育工作者必须能够辨别哪些是有效性困难，哪些是破坏性困难，并采取适当的干预措施。表5.4对两者的特点进行了对比。

毫无疑问，满足所有学生的需求是一个复杂的工程，需要教师仔细深入地思考每名学生的优势和劣势，以便指导学生逐步掌握甚至超越年级平均标准和个别化教育计划目标。我们希望本章中概述的理念和流程能帮助教师和团队为所有学生提供严谨、有针对性的教学。

表 5.4　有效性困难与破坏性困难

有效性困难	破坏性困难
带来理解	带来挫败
让学习目标变得可行且有意义	让学习目标变得模糊且难以实现
有收获、有成果	一无所获
让学生感到自主和高效	让学生感到孤立无援
充满希望	缺乏信心

资料来源：Jackson & Lambert, 2010, 第 54 页。

我们能行：推进教学工作的关键因素

当你与团队一起践行本章中的五项措施，为所有学生制定有效的教学计划时，请考虑以下推进教学工作的关键因素。

- 通过言行向学生传达这样的信念：他们有能力实现自己的目标。
- 制定专门的教学计划来提供支持，对学生保持较高的期望。
- 挖掘学生的优势，并充分利用这些优势。
- 允许学生有效地应对困难。

第六章将会探讨在统一标准的教育体系中，如何进行教学与评估。

第六章
确定评估准则

> 形成性评估是循证教学决策的具体实践。如果你想提高教学效率,且希望学生取得更好的成绩,那么形成性评估就是你的不二选择。
>
> ——W. 詹姆斯·波帕姆
>
> (W. James Popham)

如何得知学生已经掌握了知识?这个问题的答案可以在教学标准的配套评估中得到。然而,当询问大多数教育工作者对评估的看法时,我们几乎可以预料到他们的回答不太乐观。这是什么原因呢?为什么评估变成了一个不折不扣的负面词?

许多教师会说自己不是评估专家,这与事实相差甚远。研究表明,教师制定的评估方案是非常实用的工具,可以衡量学生的学习情况,并最大限度地促进优先标准的实现(Reeves, 2007)。当教师自主制定评估准则时,他们能更深入地理解成功的准则,由此设计出有助于学生取得成功的教学计划。对于所有学生来说,尤其是特殊需要学生,这是最好的情况。只有了解最终目标的教师才能制定出让每名学生都能掌握知识的教学计划。对于特殊需要学生来说,要熟练掌握知识并且得到成长,这种个别化学习计划至关重要。

在将教学标准或个别化教育计划目标与评估方式匹配之前,教师首先要了解评估的多种类型及其目的。根据我们的经验,对评估持负面看法的教育工作者可能并不清楚评估实践的类型和目的。

我们以汽车的轮胎状况作比喻,来介绍一种常见的评估流程。例如,如果司机在开车时注意到车辆在震动,但却无动于衷,那会怎么样?如果不采取措施,很可能会爆胎。相反,如果司机注意到车辆在震动,就立即购买新的轮胎,这很可能是反应过度,因为多花了不必要的维修费用。根据事件的时间和范围将评估方式、行动步骤与实际情况结合起来,对于我们以合理的方式来监测和应对现状很重要。这最终会引导我们做出更加明智和准确的决策。

那么，当我们考虑到教育中的评估时，这一切该如何进行呢？让我们通过表 6.1 来看看这些联系。

表 6.1 评估系列

最具形成性的评估：课堂评估	形成性评估：团队共同评估	总结性评估：基准评估	最具总结性的评估：责任评估
·确保持续监测学生的学习情况。 ·推动日常教学。	·确保整个团队的课程具有一致性。 ·允许团队讨论学生的表现数据，共同规划统一的教学与评估。	·确保制定标准的公平、统一和教学进度。 ·确定年终责任评估的达成进度。 ·提供数据，以鉴定需要我们额外给予时间和支持的学生。 ·提供数据，以明确课程和教学的有效性，为下一学年做出相应的调整。	·确保教育体系专注于共同认可的标准。 ·根据各州的指导方针来衡量学生的学习情况，以确定学生在某个年级或课程中是否已经掌握了应该学习的内容。

显然，这些评估方式具有不同的定义和用途。需要注意的是，它们有两个共同点。

1. 都符合已有的标准（通常是适用的州或国家标准）。
2. 都符合外部或内部团队共同制定的教学进度。

带着上述两个共同点来看看在学校的环境下，不同类型的评估方式都有哪些具体表现。表 6.2 中提供了各类评估方式对应的课堂场景。

表 6.2 课堂评估系列

场景	符合的评估类型
课堂上教师通过使用检查列表、做课堂笔记或使用教师自行制定的"检查"（小测验、留言条策略等）来监测学生的学习情况。	最具形成性的评估
同学科的教师团队根据每两周的教学情况来制定共同的评估方案。他们会利用这些数据来制定教学方案，鉴定哪些学生需要更多的时间和支持，哪些学生已经准备好接受更高水平内容的教学。	形成性评估

续表

场景	符合的评估类型
当一个教学单元结束时，同学科的所有教师以相同的评估方式来汇报学生的学习情况。	总结性评估
在指定的时间内，同学科的所有教师以相同的外部评估方式来汇报学生的年度进展情况。	最具总结性的评估

从这个角度来看，不难发现并不存在错误的评估；相反，只有针对不同方向的不同类型的评估。

然而，如果只采用一种评估方式也会出现问题，尤其是当我们考虑到特殊需要学生时。无论是教师、校长、相关服务提供者、学区行政人员，还是其他支持特殊需要学生的工作人员，如果他们等到学年结束或个别化教育计划年度审查时才着手检查学生的学习情况，那么就无法及时调整教学计划，从而满足学生不断变化的需求。

让我们来看看一位高中教师的经历吧。这位教师发现有一名学生在理解年级水平的文本时存在困难，所以他想将克服这一困难列为个别化教育计划的目标。如果教师等到期末考试、个别化教育计划阶段报告时，甚至是个别化教育计划快结束时才着手处理，就会面临三个问题。

1. **教师该如何调整教学来满足学生的特定需求？** 例如，与信息类文本相比，学生在学习文学类文本时面临的困难是否不同？如果答案是肯定的，那么教师需要提供不同的支持。在没有答案的情况下，教师无法根据需求来制定相应的教学计划。

2. **学生是否正在朝着已确立的目标前进？** 如果没有定期的反馈，就无法知道我们提供的教学是否真的对学生有用。

3. **最重要的是，学生是否正在朝着年级标准前进？** 定期评估学生是否逐步达到年级标准是确保学生真正缩小差距的唯一途径。相反，如果不这么做，那么可以肯定学生永远无法达到年级标准。

统一教学与评估

在第四章中，我们建议教师对课程标准进行优先级排序，以统一的方式来拆解标准。这个过程有助于教师对教学标准的要求形成共识，并有针对性地对这些标准进行排序。这一步必须在教师、团队、学校或教育体系制定评估方案之前完成。

不过，从拆解标准到制定评估方案的过程中，需要特别注意几点。在考虑评估方法时，以下两个误区很常见。

1. **选择题并不能反映学生的真实学习情况**：有时多选题或填空题才是比较合适的题型。当一项标准侧重于考查记忆性的知识点时，一道精心设计的选择题能有效又省时地检验学生的理解程度。

2. **实践任务始终是衡量学生学习情况的最佳方式**：项目、作品集和成果展现当然是绝佳的评估方式。然而这些任务往往需要学生花费大量时间去完成，也需要教师付出大量时间去分析，才能确定学生的掌握程度。

制定评估方案

当教师团队对标准进行了拆解和优先排序，确定了复杂度和适配的评估类型后，下一步就是制定评估方案。虽然我们并没有明确的规定，但评估人员在完成了第四章所述的行动步骤后，制定评估方案总会自然而然地进行。当我们清楚地理解了标准，就标准的要求达成共识，并确定了适配的评估方法后，制定评估方案往往是最简单的一步。根据我们的经验，以下三个技巧可以帮助团队有效地制定评估方案。

1. **利用已有的资源设计评估题目**：虽然由教师来编写题目具有一定的针对性，但只要团队在设计题目时牢记任务的预期目标，那么使用现有的资源也并无不妥。

2. **一道精心设计的构建性回答题目或表现任务就足够了**：当教师团队有针对性地设计一项较复杂的任务并制定统一的评分准则时，这会是一项重要的成果，向我们揭示学生在某一项或多项标准上的学习情况。

3. **一道精心设计的选择题有时并不足够**：为了确定学生是否掌握了记忆性的知识点，必须提供选择题。没有最佳的题目数量；更确切地说，出多少道题是协作团队需要讨论的，确定题目数量的关键在于教师能够从这些题目的回答中有把握确认学生已经掌握了某些知识或某项技能。

这些技巧能帮助教师卓有成效地为所有学生制定教学和评估方案，尤其是特殊需要学生。在团队精心设计出评估方案之后，就可以制定相应的教学计划，帮助学生逐步掌握技能和知识，使学生在评估测试中表现出真实的熟练程度。当团队在制定教学方案时把评估因素考虑在内，就可以预见学生可能遇到的困难，从而提前规划不同的教学方案、提供支架，甚至修改教学计划，以满足特殊需要学生的独特需求。主动的规划能够大大提高学生在特定教学单元内掌握既定标准的可能性。当学生需要额外的辅助才能达到年级标准时，这种方法会非常有用。如果发现学生尚未掌握标准要求的先备技能时，教师可以采取下面的做法：

- 看学习目标中的技能，确定学生能应对哪个水平上的学习任务
- 针对学生的薄弱环节设计难度较低的专项评估，确认学生的掌握程度
- 当学生掌握了基础和先备技能，便回到年级标准中所要求的难度，为学生提供所需的支架和支持，使学生能够在较低的目标要求下学习，并继续进行评估，同时要逐步过渡、增加难度

当学生当前的表现水平与年级标准的要求存在显著的差距时，教育工作者必须同样采用以上的做法，并更深入地研究满足标准要求的技能。例如，如果语文标准中有学生对比两个文本主题的要求，那么一项关键的先备技能就是学生必须能够确定单个文本的主题。如果学生没有掌握这项技能，那么他/她就不可能满足对比两个不同文本主题的要求。如果教学团队忽视了标准要求的先备技能，并且在评估学生是否满足更高标准之前未能帮助学生掌握先备技能，那么对学生来说百害而无一利。如果跳过这些步骤，可能会导致误判：学生表现得无法完成更高阶的任务，但实际上，只要学生掌握了先备技能，就很容易完成这些任务。协作团队需要确保学生获得所需的支持，以掌握要达到年级水平所缺乏的先备技能，并监测学生在掌握更高层次的年级标准方面的进展情况。通过团队协作的方式，有针对性地关注每项标准及其先备技能，教育工作者可以为所有学生提供进行学习和达到标准要求所需的支持。

设计一门专业课程

那么，对于那些需要根据当前的表现水平而专门设计课程来培养特定技能的学生，我们该怎么办呢？与这类学生一起工作的跨专业协作团队会遵循相同的协议，在确保对标准和期望达成共识之后，专注于两个与差异化相关的核心问题。

1. 我们期望这名学生掌握哪些知识和能力？
2. 我们如何评估这名学生的进展情况？

然后，团队要设计评估方案来测试学生在学习过程中的进展情况。在这种情况下，如果能通过让学生完成有限任务来有效地测试其所掌握的技能，那么团队可以倾

向于安排实操任务，来观察学生能以有意义且有功能性地使用哪些技能。例如，将功能性物体进行分类，生活中能完成自理流程，用眼神凝视来表达理解，以及使用辅助沟通设备（如开关装置、平板电脑和对话盒）来表达诉求、需求，以及展示所学。

团队会定期收集数据来监测学生的进展情况、优化教学方案和提供更多或不同的辅助支持。不过，工作的范围会从该年级的所有学生变为目前还未掌握这些技能的特定学生。团队必须确定如何以形成性的方式收集数据，并为日常的教学工作提供支持。在通常情况下，教师和支持人员会根据学生个别化教育计划中的长期和短期目标来绘制相应的数据图表，以便团队成员在任何时候都能确定学生正在学习哪些技能、达到怎样的水平，以及完成特定任务所需的支持水平。协作团队会利用这些关键信息，将重点放在适用于学生个体的四个关键问题上。

简而言之，教育工作者必须遵守形成性评估的要求。如果没有定期检查学生对知识的理解和掌握程度，我们就无法真正满足学生的需求。等到学年、个别化教育计划或教学单元结束时再采取行动并不能确保所有学生都能学到东西。事实上，这样做总会有某些学生被落下。如果我们相信所有学生都能并且终会学到东西，那么我们必须坚定地致力于监测学生的学习情况，做出形成性评估，并根据所发现的情况来调整教学方案。

我们能行：推进教学工作的关键因素

制定符合标准的评估和教学计划需要所有教育工作者的共同努力和相互沟通，从而确保所有学生都能掌握知识。当你与协作团队一起工作时，请记住以下推进教学工作的关键因素。

- 协作团队在开始单元教学之前，就要确定采用哪种评估方式来衡量学生在教学过程中（形成性评估）和教学结束时（总结性评估）的学习情况。
- 在确定评估准则之后，团队可以更轻松地制定教学方案，从而帮助学生掌握这些标准。
- 一旦制定了教学计划，团队就可以通力合作，更高效地确定哪些内容对于学生来说具有挑战性，学生需要掌握哪些先备技能，以及团队需要提供哪些支架和支持。

在第七章中，我们将会展示如何利用从评估中收集到的数据，优化教学计划。

第七章
规划目标与监测进度

> 那些在缩小学生学业差距方面取得进展的学校似乎都有一个共同点,那就是他们倾向于以学生的进展情况为依据来促进和组织对话。
>
> ——朱迪斯·沃伦·利特尔
> (Judith Warren Little)

在学校体系中,我们在实施干预反应模式的过程中构建起了为学生解决问题的模型。不管你如何命名这个模型——金字塔干预团队、学生服务小组、问题解决团队,几乎所有学校都有这样的一支专业团队,他们每周会有固定的时间用于解决问题。学校和学区开发了多种表格和附件来推动对话、记录干预措施和归纳进度监测数据。这些支持对于推动以成果为导向、促进学生成长的干预措施至关重要。那么,为什么一旦学生获得了个别化教育计划的资格,这方面的讨论就会戛然而止呢?在所有的学生当中,我们最需要着力讨论的,就是这些学习有困难的学生的进展情况,以及如何致力于解决他们的问题。

好消息是,为普通学生提供支持的所有体系同样适用于特殊需要学生。在团队讨论中,我们对于四个关键问题的关注不会改变。需要改变的是我们对待那些学习有困难的学生的观念,正如我们需要不懈地努力,让所有学生都获得成长。

按照学生对应的年级水平标准来制定个别化教育计划非常重要。如果你希望学生能尽快脱离特殊教育服务,那么教育团队要做的就是帮助学生努力达到年级水平。现实情况和年级水平标准之间可能会存在非常大的差距,但教育团队必须始终致力于让学生达到年级目标。请注意,我们并不是在主张完全忽视学生当前的表现而盲目地推进课程进度。相反,我们主张教育工作者在制定个别化教育计划目标时要遵循明确的步骤,并使用年级水平的标准作为指导。简而言之,"基于标准的个别化教育计划提倡个别化教学追求一个共同的目标:帮助(特殊需要)

学生朝着年级水平标准前进"（Samuels, 2011, p8）。这个共同的目标就是让所有学生都达到相应的年级水平标准，或者根据他们的需求程度帮助他们尽可能接近相应的年级水平标准。虽然制定一项符合标准的个别化教育计划不是一个简单的过程，但以下几个合理的步骤可以让教育团队在内容领域、年级水平和学习者情况方面有所收获。

首先，如果一名学生在某个内容或服务领域没有表现出可鉴定的障碍，那么我们就不需要在这个领域制定目标。教育团队（教师、相关服务提供者、行政人员和家长）不能根据自己的主观感受来制定个别化教育计划目标；相反，目标必须符合经过数据鉴定的需求和技能缺陷。这是教育团队通过以数据驱动结果的方式来为特殊需要学生提供支持的第一步，从而确保每名学生都能取得进步。

其次，作为教育团队，我们需要考虑与内容领域相关的标准和每名学生的需求。一种简单的方法是，在教学开始前或简单介绍课程后进行预评估，以了解学生已经掌握了哪些内容。如果我们把评估视为教学过程中不可或缺的一部分，那么我们自然希望了解学生在教学前、中和后的不同阶段所掌握的内容。教育团队可以在以下三个阶段进行预评估。

1. 在开始一个单元教学之前
2. 作为每日结束前的例行活动
3. 经过短暂的初步教学后

评估的形式可以是课堂留言条、让学生在白板上回答，也可以是学生举手示意或查看检核表。这些方法都为教育团队提供了利用评估数据为学生制定教学决策的机会，无论是那些已经掌握了标准的学生，还是那些需要更密集指导的学生，都能从中有所收获。当数据表明学生已经掌握了某些技能或概念时，团队必须把重点放在那些为学生带来有意义的学习策略上。

在教育团队完成了采集和分析预评估数据后，接下来的工作重点是关注学生个体在哪些领域符合接受专业服务（尤其是特殊教育服务）的条件。这里的讨论要在团队拆解标准的基础上进行（有关拆解流程的详细说明，请参阅第四章）。教育团队会根据学生的个人资料和评估数据来确定重点关注哪些标准，并针对学生已被鉴定的障碍领域来制定个别化教育计划的目标，通过安排合理的学习进程来引导学生达到符合年级水平的要求。同时，团队还会确定监测进度的方法，从而以形成性评估的方式来衡量学生的进展情况。当学生的障碍领域不再符合鉴定标准时，教师应该按照普通学生的教学计划对其进行教学，并使用第四章拆解流程中的学习进程来提供指导。附录 A 中"基于标准的个别化教育计划核心目标附件"和"核心内容领域"工作表可以帮助团队记录计划，并确定下一步行动。

那么，上述方案如何在团队协作中得以实现？让我们来看看一些例子。在案例 1 中，一名六年级学生被评估为有写作障碍。具体来说，在写作时这名学生很难将想法整合起来，并且难以确定哪些是支持主题的观点和证据。该生在普通班上语文课，由一名特殊教育教师担任其个别化教育计划个案主管。表 7.1 明确列出了新单元的优先标准，同步展示了教学决策方案是如何与标准匹配起来的。

表 7.1　一名六年级学生的写作技能教学计划

标准	学生的熟练程度	教学计划
W.6.1c 明确地提出论点，并组织理由和证据。	非缺陷领域。学生能熟练掌握。	特殊教育教师与六年级普通教育语文教师共同确定达成该标准的证据和学习进程。教学、评估和报告相应地保持一致。
W.6.1b 用明确的理由和相关的证据来支持论点，并引用可靠的资料来源来表明对主题或文本的理解。	被评估为缺陷领域。	教育团队根据学生当前的表现水平来制定针对这一缺陷的个别化教育计划目标。例如：**学生就某个主题或文本提出论点，并能提供三个基于文本的理由来支持该论点。** 特殊教育教师通过短期可衡量目标的配套课程评估来定期监测学生的进展情况。
W.6.1c 使用单词、短语和从句来说明论点和理由之间的逻辑关系。	非缺陷领域。在以往教学工作的基础上，学生能够熟练运用思维导图。	特殊教育教师与六年级普通教育语文教师共同确定达成该标准的证据和学习进程。教学、评估和报告相应地保持一致。
W.6.1d 确立并保持使用正式的文体。	非缺陷领域。	特殊教育教师与六年级普通教育语文教师共同确定达成该标准的证据和学习进程。教学、评估和报告相应地保持一致。

该标准的资料来源：改编自 NGA & CCSSO, 2010a。

在案例 2 中，一名四年级学生被评估为在数学方面有学习障碍。具体来说，这名学生在数学事实的流利度方面存在困难（即学生在做基础运算时不够熟练）。这种困难会影响学生应用数学能力解决问题。于是，针对这一困难，该生在一名特殊教育教师的指导下以小组的形式接受数学教学。表 7.2 展示了团队为新单元确定的优先标准，团队把学生对每项标准的熟练掌握程度都考虑在内，从而制定出相应的教学决策方案。

表 7.2　一名四年级学生的数学技能教学计划

标准	学生的熟练程度	教学计划
4.NBT.B.4 熟练运用标准算法进行多位整数的加减运算。	被评估为缺陷领域。	教育团队根据学生当前的表现水平来制定针对这一缺陷的个别化教育计划目标。例如：**学生能够解决 100 以内的加法和减法问题。** 特殊教育教师通过短期可衡量目标的配套课程评估来定期监测学生的进展情况。
4.OA.A.2 用乘法或除法来解决涉及乘法比较的应用题，例如：通过画图和使用带有未知数符号的方程式来表示问题，以区分乘法比较与加法比较。	受到缺陷领域的负面影响。在以往教学工作的基础上，学生能够使用计算器、数字网格或两者相结合来成功完成任务。	教育团队根据学生当前的表现水平来制定针对这一缺陷的个别化教育计划目标。例如：**学生能够运用 100 以内的乘法或除法一步算式解决现实生活中的数学问题。** 特殊教育教师通过短期可衡量目标的配套课程评估来定期监测学生的进展情况。
4.OA.B.4 确定 1—100 以内的给定整数是质数还是合数。认识到一个整数是其所有因数的倍数。找出 1—100 以内的整数的所有因数对。	非缺陷领域。在以往教学工作的基础上，学生能够通过使用计算器、数字网格或两者相结合来成功完成任务。	特殊教育教师与四年级普通教育数学教师共同确定该标准的掌握证据和学习进程。教学、评估和报告相应地保持一致。

该标准的资料来源：改编自 NGA & CCSSO, 2010b。

规划目标与监测成效

让我们来看看教育团队是如何为一名有阅读理解障碍的七年级学生制定教学计划的，来满足学生的学业需求。团队会确定学生当前的表现水平，拆解标准并明确优先学习目标，然后根据鉴定的缺陷领域来规划干预的目标（Cathcart, Bertando, & DeRuvo, 2009）。

从学生当前的表现水平出发

假设数据表明，对于案例中的学生来说，为了达到符合年级水平的掌握程度，最重要的是专注于阅读理解和以组织语言和中心思想为主的写作策略。

锚定缺陷领域对应的优先标准

团队会讨论为七年级读写课程制定的优先标准，并重点关注其中一项学生难以掌握的标准（NGA & CCSSO, 2010a）。

RI.7.1

引用多段文本证据来支持对文本明确表达的内容的分析以及从文本中得出的推论。

然后，教育团队据此为学生制定个别化教育计划目标：确定文本证据来支持对指定年级文本的分析。

拆解标准

教育团队与其他七年级语文教师共同讨论标准。他们运用第四章中所描述的拆解流程将标准分解为四个部分。

1. 引用文本证据来支持文本中明确陈述的内容。
2. 引用文本证据来支持从文本中得出的推论。
3. 引用多段相关的文本证据。
4. 引用文本证据对文本进行分析，以支持自己的论点。

分析分项技能和先备技能

教育团队会分析标准中的各项技能，并确定其中最重要的一项，这可以说是一项先备技能，或者说是表示得更具体的标准要素。当团队成员为学生制定个别化教育计划时，他们会把重点放在这些分项技能上。

回想一下案例中为学生制定的个别化教育计划目标：确定文本证据来支持对指定年级文本的分析。虽然年级水平标准要求学生能确定文本证据以及从文本中得出的推论，以便支持和提供文本分析，但学生首先必须掌握的一项基本技能是能够确定相关的文本证据。如果学生没有掌握这项技能，那么他/她就难以根据要求运用这项技能来进行基于文本证据的推论或文本分析。

制定目标

团队确定可量化的指标来表明学生已经掌握了所确立的各项技能。这些指标就转化为个别化教育计划目标的衡量标准。在案例中，七年级的教育团队使用这些指标来细化学生的个别化教育计划目标，使其更加具体和可测量。综合考虑之后，团队制定出具体的目标说明：到学年结束时，阅读七年级水平的文本段落时，学生能找出至少三段文本证据来支持对文本进行的书面分析。

该目标将年级文本作为学生展示技能的背景。教育工作者的职责是为学生搭建学习的支架，使学生能够掌握符合年级水平的文本。学生必须获得由教育团队和个别化教育计划指出的合理便利和适当改动，除非学生的基础水平限制了他/她独立使用年级文本的能力，否则学生必须使用年级文本。这并不意味着学生不能接触更复杂的文本；相反，我们会制定另一项目标，以确保学生能够逐步掌握必要的技能来克服自身的困难。

制定短期目标和基准

在写出目标说明之后，接下来团队成员就会明确整个目标年份的成长期望。虽然我们并没有采用SMART格式来制定个别化教育计划目标，但两者具有许多相似的特征。这些循序渐进的期望和短期目标应当是可衡量的，与长期目标息息相关，学生能够遵循明确的学习进程从当前的水平逐步提升，直到熟练掌握。在案例中，团队为学生的个别化教育计划制定了以下的短期目标，并从学年的九月份开始执行。

- 到十一月份，学生在课堂讨论、每日阅读日志和作业样本的评估中，在五次尝试中有四次能够准确地找出文本证据来明确支持对指定年级文本的分析。
- 到二月份，学生在课堂讨论、每日阅读日志和作业样本的评估中，在五次尝试中有四次能够做到准确地找出文本证据来明确支持从指定年级文本中得出的推论。

- 到五月份，学生在作业样本的评估中，在三次尝试中有两次能够准确地使用明确的文本证据对指定的年级文本进行分析。（需要注意的是，这项短期目标中只有"作业样本"一处发生变动，因为它只能通过学生的书面作业来衡量。此外，频率也变为"在三次尝试中有两次"，因为比起前两项短期目标的评估形式，这种类型的表现任务需要更长时间来完成。）
- 到九月份，学生在作业样本的评估中，在三次尝试中有两次能够找出至少三段文本证据来支持对文本进行的书面分析。

因此，当教育团队在九月份召开会议，对学生的个别化教育计划进行年度审查时，如果学生已经达成了最后一个短期目标，就代表学生也达成了长期目标。

监测目标

团队通过形成性评估的方式定期收集与短期目标和基准相符的数据，以监测学生在实现短期目标和长期目标方面的进展情况。

团队在持续监测目标的过程中经常会遇到困难。如果要求教育工作者像干预反应模式中对待学生的方式一样为个别化教育计划的学生解决问题，那会怎么样呢？简单来说，运用最佳的实践方式来分析学生的数据，以确保这些学生能够取得必要的进步，从而缩小学习差距。在图 7.1 中，我们展示了一项工具，像团队为那些在干预反应背景下参与普通教育干预的学生分析数据一样，它为个别化教育计划的学生精心组织了由数据驱动的对话。（完整版参见附录 A 中的"个别问题解决的讨论指南"，可复制使用。）

这项工具有助于教育工作者：
- 每次只专注于一个内容或技能领域
- 专注于与内容或技能领域相关的数据
- 调整当前状况，制定实际行动与进度监测的计划

团队在讨论学生的干预措施时经常会采用这种方法。我们认为，对于个别化教育计划的学生，团队也应该以同样的频率（例如：每六到八周）进行这样的讨论。毫无疑问，当使用这种形成性评估的方法来解决与个别化教育计划的特定目标相关的问题时，我们会更有针对性地及时解决学生的困难，帮助学生取得进步，团队也能够更有效地监测学生的成长情况。

将这种由数据驱动的对话付诸实践时会是什么状况呢？你可以想象一下某个教

学生：_____　　年级：_____

教师：_____　　讨论日期：_____

核心内容领域：_____　　数据审查日期：从今日起六至八周

描述学生当前在该内容或技能领域的水平（包括规范性数据、特定目标数据和进度监测数据）。

关于学生在该内容或技能领域的情况：

1. 我们希望学生知道什么、能够做什么？
2. 我们如何得知学生已经掌握了这项技能或这些技能？哪些结果能证明这一点？请给出具体的数据指标。
3. 为了帮助学生达到问题 1 和 2 中列出的目标，我们还需要了解哪些信息？有哪些工具可用？
4. 我们将要在教学上采取哪些措施来确保学生达到问题 1 和 2 中列出的目标？

请使用下表来制定实施计划。

制定实施计划的具体事项	
实施者	
天数或次数	
地点	
每周进度监测 · 我们将采取哪些措施？ · 我们还将使用哪些工具？ · 由谁来输入数据？	

图 7.1　个人问题解决讨论指南

育团队聚在一起讨论学生目标的更新状况。团队不能只是输入当前的数据，还要考察目标中的每个内容或技能领域。在这个背景下，团队成员要考虑四个因素。

1. 学生的当前表现
2. 合理的下一步
3. 衡量成功的指标
4. 引导学生达到目标的计划

进一步说明一下。如果一名学生的教育团队与同年级、同学科的其他教师一起来考虑这四个因素，那么教育工作者们就能够：

- **将课堂教学与特殊教育背景下提供的支持联系起来**：这种联系使教育工作者能够准确地提供学业上的支持，并且支持的方式具有一致性，以及提供预教学和再教学，从而帮助学生在核心课堂上取得成功。
- **将学业目标与相关服务提供者提供的支持联系起来**：例如，如果一名言语治疗师参与到针对有阅读和语言障碍的学生的教育团队规划中，那么就可以有针对性地在语言方面提供相应的支持，从而帮助学生掌握所需的知识和技能。
- **将行为目标、社会情感目标与课堂目标联系起来**：想象一下，当每位与学生一起工作的教师共同规划利用社会工作情境、学生日常经历的场景和特定情境，来支持学生在缺陷领域的发展时，那会产生什么积极影响呢？同样的道理，作业治疗师在了解课堂目标后，他们可以通过多种方式提供运动、感官和执行功能方面的支持，并且会用到学生在不同的环境下需要使用的工具。

对于那些学习水平与年级预期目标相差较大的学生来说，这套流程同样适用。越是在学习上存在困难的学生，越需要我们持续对他们的进展情况进行监测。教育团队必须对整个流程简单地进行拆解，以便更细致地确定学生所需的特定技能和相应的教学方法，从而推动这些学生的能力发展。

为学习困难的学生进行精细化的进度监测

以小学的孤独症学生的结构化学习课堂为例。孤独症会影响学生表达思维、进行推理、抽象思考和调节身体来投入学习的能力。在这种结构化的学习课堂上，学生在语言使用受限、提供视觉支持的个别化学习区进行学习，从而最大限度地掌握课程内容。显然，我们必须确定每名学生的最佳学习状态——教学难度适中，既具挑战性，又不会让学生因压力过大而紧张或情绪失常。符合标准的目标规划和进度监测的精妙之处在于，它使我们能够帮助那些需求极为复杂的学生逐步达到年级水平。让我们来看看某团队为监测学生在数学（见表7.3）和阅读（见表7.4）方面的学习进度制定的计划。

表7.3　小学数学结构化课堂的进度监测计划

姓名	年级	诊断的缺陷	每周进度监测
学生1	1	数感（已达到幼儿园标准）	缺失数字（一年级水平）
学生2	2	基本事实（已达到幼儿园标准）	计算（一年级水平）
学生3	3	数感（未达到幼儿园标准）	缺失数字（幼儿园水平）
学生4	1	数感（未达到幼儿园标准）	缺失数字（幼儿园水平）
学生5	2	基本事实（已达到一年级标准） 解决问题（已达到一年级标准）	计算（二年级水平） 数学概念（二年级水平）
学生6	4	基本事实（已达到二年级标准） 解决问题（已达到一年级标准）	计算（三年级水平） 数学概念（二年级水平）
学生7	2	基本事实（已达到一年级标准） 解决问题（已达到一年级标准）	计算（二年级水平） 数学概念（二年级水平）

表7.4　小学阅读结构化课堂的进度监测计划

姓名	年级	独立阅读水平	每周进度监测
学生1	1	A	连续记录：A级 流利度检查（一年级水平）
学生2	2	A/B	连续记录：B级 流利度检查（二年级水平）
学生3	3	A	连续记录：A级 流利度检查（二年级水平）
学生4	1	阅读目标	字母命名流利度检查 （幼儿园水平） 字母发音流利度检查 （幼儿园水平） 视觉词汇识别检查 （幼儿园水平）

续表

姓名	年级	独立阅读水平	每周进度监测
学生5	2	F	连续记录：F级 流利度检查（二年级水平）
学生6	4	D	连续记录：D级 流利度检查（二年级水平）
学生7	2	F	连续记录：D级 流利度检查（二年级水平）

注：独立阅读水平源自 Fountas & Pinnell, 2006。

当团队评估写作领域时，他们会重点考虑学生的能力以及障碍对他们写作能力的影响。虽然统计总字数和正确的写作顺序对于收集量化表现数据非常重要，但还要将情境与学生的能力匹配起来。尽管学生有时会被要求进行即兴写作（没有提前准备），但大多数情况下，学生会被要求根据阅读过的内容进行写作，这样会有助于团队评估学生写作水平的进展情况。无论是哪种写作，教育团队在设计写作任务前，都要考虑到学生对某个概念的背景知识和相关词汇的掌握情况。由于阅读教学融合了上述需求，为学生理解文本提供了基础，因此要求学生根据阅读的内容进行写作，可以为教育团队提供学生在该领域（实际上对学生来说也是最具挑战性的领域）的进展情况的重要数据。其中背景知识为学生提供了支架，使他们更容易完成写作。因为他们已经有了明确的写作内容，所以可以专注于表达自己的想法，而不需要一边构思写作，一边将构思内容转化为书面表达形式。

在阅读、写作和数学方面，教育团队会首先检查每名学生对应的年级标准，并对标准进行拆解，确定其中包含的各项子技能，然后进行评估来确定学生当前的表现水平。最后，团队会锚定目标和相应的进度监测工具，有针对性地引导学生从当前的表现水平逐步提升，直到达到年级标准的要求。

收集与目标相符的数据

在上述所有案例中，当团队监测学生的学习情况时，最重要的一点是要经常收集与目标本身直接相关的数据。当我们保持为所有学生解决问题的心态时，我们必须牢记以下关键点。

- 如果学生未能朝着目标前进，教育团队必须集思广益，找出改变现状的方法，从而更好地支持学生。
- 如果团队调整了教学方案后，学生仍然没有取得进步，那么就要改变目标。
- 在任何情况下，个别化教育计划团队都必须制定一份引导学生从当前的表现水平逐步达到目标与年级水平的学习路线图，无论这条路有多长。

共同致力于为所有学生解决实际问题，并使行动符合"所有学生都能学到东西"的信念，我们就能为所有学生（无论是否有残障）都能取得真正的进步创造了条件。

我们能行：推进教学工作的关键因素

本章中的内容可以帮助普通教育工作者和特殊教育工作者共同监测学生的进展情况，并根据数据对学生的个别化教育计划进行调整。当你与团队一起工作时，请考虑以下推进教学工作的关键因素。

- 个别化教育计划的长期目标必须聚焦于年级标准、每名学生与该标准相关的领域，并且由学生的教育团队共同制定。
- 个别化教育计划的短期目标旨在制定教学计划和测量标准，确保学生能朝着长期目标取得进步。理想情况下，学生在个别化教育计划年度审查时能够达到长期目标。
- 对于那些需求复杂、无法达到年级标准的学生，个别化教育计划目标仍应反映出对标准的功能性解释，并将其分解为若干短期目标，以追踪学生的长期进步。
- 仅仅制定由数据驱动的个别化教育计划目标是不够的！团队必须对各项目标定期进行监测，确保有所进展，并在必要时调整教学方案或支持方式。

通过监测进度、设定目标和关注数据，我们有时会发现学生没有掌握知识。在第八章，我们会总结第二部分，探讨干预反应结构，从而帮助团队应对学生没有掌握知识的情况。

第八章
如何应对学生没有掌握知识的情况？

> 如果学校的使命是确保所有学生都能达到较高的学习水平，那么所有学生都有资格参与到教育体系中来，而教育体系需要保证他们在遇到困难时能获得额外的时间和支持。
>
> ——理查德·杜福尔
> （Richard DuFour）

奥斯汀·布法姆和迈克·马特奥斯（Austin Buffum & Mike Mattos，2015）在其著作《时不我待：小学干预与拓展教学计划》中指出，为了让每名学生都能达到较高的学习水平，学校必须围绕关键成果来重新调整他们的假设和实践。其中两项成果专注于为学生学习提供时间保障和支持。布法姆和马特奥斯表示，我们必须确保的一项基本成果是"为学生提供额外的时间和支持，以达成这些严格的学业目标"（2015, p.5）。其次，学校需要一套系统的干预流程来提供"超出课堂教师能力范畴"的支持，从而保证学习困难的学生能够获得所需的干预措施（p.5）。专业学习共同体的第二个重要理念是"帮助所有学生掌握知识需要集体的共同努力"（DuFour et al., 2010, p.14），这一理念是成功实施全校干预反应系统的核心。所有教育工作者必须协作应对学生没有掌握知识的情况，并对每名学生的教学共同承担责任，从而有效地发挥干预体系的作用。

我们完全认同这些转变对于确保最弱势的学生群体缩小差距的重要性。本章会在干预反应模式的背景下讨论这些转变。首先，本章会探讨干预反应是如何从特殊教育立法中发展起来的，以及干预反应模式与专业学习共同体之间的关系。其次，我们会思考强化核心教学给所有学生带来的影响。最后，我们会详细阐释协作团队如何运用分层干预措施来支持特殊需要学生。

干预反应立法

当 2004 年《残疾人教育法》重新获得授权时，**干预反应**成为了一个热门术语。虽然干预反应立法的目的包括重视早期干预、提高教学质量以及尽可能避免学生对特殊教育服务的依赖，但由于该法条被写在特殊教育法案中，导致许多人认为干预反应只适用于特殊教育。有关干预反应的深度讨论只局限在特殊教育及其相关服务的研讨会和正式会议上，而这些会议的焦点往往是《残疾人教育法》的重新授权。特殊教育行政人员、特殊教育教师、相关服务人员以及特殊教育律师对这些法条进行了剖析，并开始了艰巨的解释和实施工作。随着各州陆续发布各自的指导意见，人们逐渐意识到干预反应是一项融入特殊教育法的普通教育立法。有部分州迅速发布了非常具体的指导意见，但也有一些州目前只提供了州级参考意见。

回想一下，专业学习共同体需要一套干预体系来回答这两个关键问题：我们该如何应对学生没有掌握知识的情况？又该如何应对学生已经掌握了某项知识的情况？在专业学习共同体的背景下，干预反应模式提供了全校干预措施金字塔体系：

> 确保每门课程、每个年级的每名学生在获取基本知识和技能方面遇到困难时，都能获得额外的时间和支持。干预活动有强制性，在上学期间，学生被要求投入额外的时间来获取额外的学习支持。（DuFour et al., 2010, pp.99–100）

干预反应立法的以下核心原则将有助于我们实现与专业学习共同体的关键工作的有机联结（Mellard & National Research Center on Learning Disabilities, 2006）。

- 坚信我们能有效地教育所有学生，让所有学生都能学到东西
- 重视学业、行为和社会情绪领域的早期干预和预防
- 全面筛查所有学生在学术、行为和社会情绪方面的成功指标
- 系统地采用解决问题和分析问题的方法
- 采用循证的干预措施和精准实施的教学实践方案
- 持续监测对学生实施干预反应的进展情况
- 基于数据在全流程的各个层面进行决策
- 在基于数据的决策过程中，使用评估工具进行筛查、诊断和进度监测，并采

用具有强度和支持力度递增的多层次体系

这意味着我们要建立一套健全的核心课程体系，通过周期教学来满足学生的阶段性需求，让教师在推进教学之前进行形成性评估，并采取相应的干预措施。在全面筛查的过程中，有些学生被评估为高风险，除了核心教学之外，他们还要接受补充教学和支持。少数学生则需要更密集的小组或个别化干预来补充核心课程学习。简而言之，干预反应模式使教育工作者能够根据学生的具体需求，在发现苗头时尽早地采取有针对性的教学干预措施。

从"等待失败"到走向成功

在过去，我们的教育体系可以称为"等待失败"的体系，因为只有在出现显著的统计差距时才会提供最密集的干预措施（通常是特殊教育）。而这种新的、更及时的早期干预模式对于学生的成功至关重要。干预反应模式允许特殊教育工作者和普通教育工作者共同承担学生的学习责任，并创建了一套以所有学生的成功为重点的统一教育体系。

朱莉·埃斯帕尔·布朗和詹妮弗·杜利特尔（Julie Esparza Brown & Jennifer Doolittle, 2008）在《英语学习者干预反应的文化、语言和生态框架》中指出，"首先，全面筛查和监测进度是将学生与当地的学生或同龄人进行比较，而不是与国家标准进行比较"（p. 70）。虽然美国的标准在数据讨论中占有一席之地，但当地的标准更符合当地的期望。其次，布朗和杜利特尔（Brown & Doolittle, 2008）继续指出，"有效的干预反应模式需要所有教育工作者相互协作，提供更多的机会来进行专业对话、同伴指导和创建整合各个（教育）相关服务领域最佳实践的教学模式"（p. 70）。换言之，干预反应模式的成功实施需要一种高度协作的文化氛围。在这种文化氛围里，教育人员组成的团队会不懈地关注学生的学习状况，从而提高学生的学习成果。再次，布朗和杜利特尔（Brown & Doolittle, 2008）强调有效的干预反应模式不可或缺，这样"那些遇到困难的学生就可以被及早发现并得到支持，而不至于落后太多"（p. 71）。

这些观点听起来是否似曾相识？干预反应模式的核心原则和专业学习共同体的框架都要求建立一种高度协作的文化，也就是说我们对所有学生的学习都负有集体责任。在这个文化体系中，教育工作者对所有学生应该掌握的知识和技能达成共识，并且以由数据驱动的教学和干预为结果导向。该体系具有很强的灵活性，教育工作者可以在学生没有掌握知识的情况下从各个层次投入更多的时间和精力进行指导。现在，让我们来看看专业学习共同体中的团队协作要如何应用干预反应模式来保障所有学生都能掌握知识、缩小学习差距，并消除普通教育和特殊教育之间的壁垒。

建立干预反应模式与专业学习共同体的联结机制

干预反应模式有助于我们回答专业学习共同体的第三个关键问题：我们该如何应对学生没有掌握知识的情况？如图 8.1 所示，专业学习共同体的关键工作属于第一层次中整个教学周期的核心部分，协作团队必须通过持续参与这部分工作来帮助学生提高学习成果。如果忽视这点，仅在第二、第三层次建立复杂的干预体系是不够的。如果团队想要获得持续、显著的成果，就必须持续地投入第一层次的专业学习共同体工作中。

在一个持续改善的教学周期中，这些体系会不断地根据学生每天在课堂上的表现情况来回答四个关键问题，从而提高所有学生的学习成果。随着这项工作不断推进，团队会看到第一层次的学生的成绩在稳步提升。与此同时，由于第一层次的教学周期更加健全，越来越多的学生能掌握学习内容和达到目标，需要教育工作者制定第二、三层次干预措施的学生比例也会稳步下降（见图 8.2）。

我们可以看到，当协作团队将重点放在第一层次的核心教学上时，在第二、三层次中需要进行更密集干预的学生数量可能会大幅减少。

通过强化核心教学来缩小差距

对于一些学校和学区，尤其是那些刚刚开始建立系统干预反应系统的学校和学区，第一、第二和第三层次的学生之间的差距揭示了核心教学的不足。以图 8.3 所示的学校数据为例。我们认为，如果一所学校只有 68% 的学生在第一层次的课堂教学中达到了预期目标，那么为其余 32% 的学生制定第二、第三层次的干预措施是不可行的（对于这所学校，或是任何学校或教育体系来说都是如此）。我们的经验是，当需要密集干预的学生人数过多时，系统就会不堪重负。当人力和财政资源有限时，要让 80% 的学生达到我们所熟知的三角形图形（图 8.1 中所示）建议的核心教学要求并不是一个特别可行的目标。那些将大部分时间和资源用于建立、实施和监测第

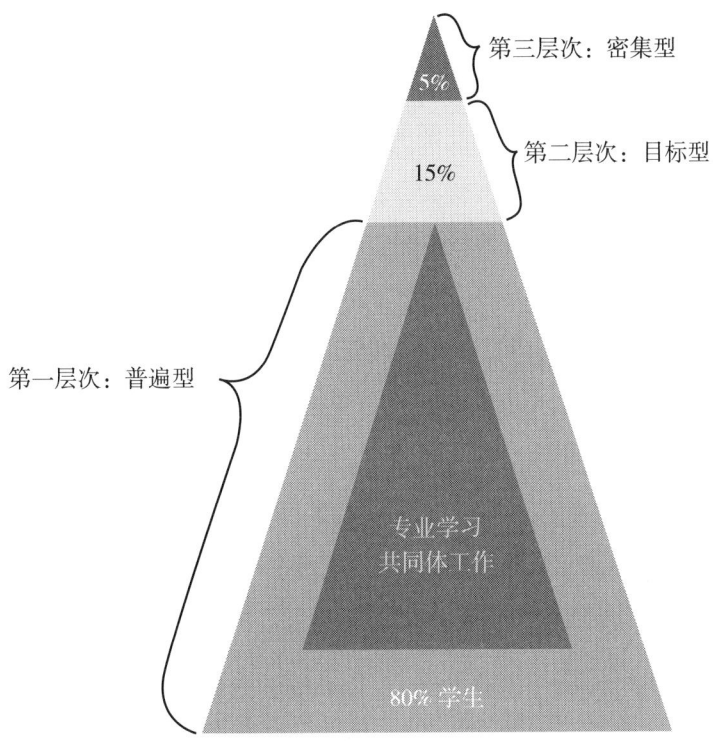

图 8.1　专业学习共同体工作和干预反应模式

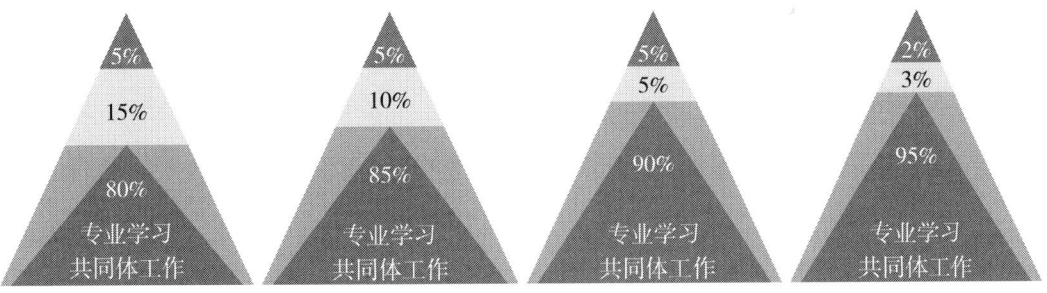

图 8.2　随着第一层次核心教学中的专业学习共同体工作的推进，
各个干预反应层次的学生分布情况

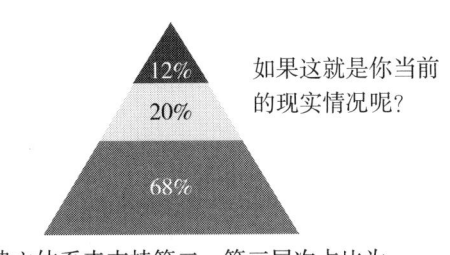

图 8.3　各个干预反应层次比例失衡的学生分布情况

二、第三层次的学校或教育体系很可能会疲惫不堪、感到挫败。如果没有投入足够的时间、精力和资源来持续强化第一层次的核心教学，那么便无法持续地支持所有学生。如果没有坚持改善每一位教师的教学实践，建立更健全的教学周期，那么需要我们在第二、第三层次提供支持的学生比例将不会降低，整体学习成果也不容易发生实质性的突破，尤其是对于那些重度学习困难的学生来说。

在干预反应立法成为联邦法律时，如果一所学校或学区已经开始了专业学习共同体之旅，那么新的干预反应立法与学校或学区当前工作之间的联系可能会很模糊。也就是说，只有学校或学区仔细考察了两者之间的联系，并明确新的分层干预方案是如何与专业学习共同体持续关注的四个关键问题联系起来的，我们才能了解到具体情况。

当我们受邀与美国各地的学校和学区一起实施专业学习共同体和干预体系时，我们发现，学校和学区会投入大量资源来构建第二、三层次的干预措施，但收效甚微，甚至没有看到任何改善。他们并不怎么重视培养高效的协作团队、确保提供有保障且可行的课程，以及实施平衡一致的评估体系。这种观念通常会促使这些学校和学区为所有学生在第一层次制定高质量的教学计划。只实施干预反应模式而不做专业学习共同体的工作是无法持久的或无效的。我们要认识到专业学习共同体工作的价值，并采取行动在第一层次提供高质量的核心教学，这是可持续改进之路的第一步。

为特殊教育学生建立干预反应模式与专业学习共同体实践的联结机制

干预反应模式和专业学习共同体实践之间的联结机制对于特殊需要学生，以及过去被评估为需要特殊教育服务、但现在能通过分层干预获得支持的学生而言尤为重要。干预反应模式与专业学习共同体实践以精准的方式将普通教育和特殊教育联系起来，要求我们围绕所有学生的学习进行高度协作。当学校全面精准地实施干预反应模式和专业学习共同体时，整个教育体系都会对特殊需要学生负起责任，从而带来以下支持：

- 第一层次的课堂或年级干预与当前的教学目标密切相关
- 对尚未评估为障碍的领域进行第二、第三层次干预
- 对问题解决团队认为符合条件的障碍领域进行潜在的第二、第三层次干预
- 针对评估的障碍领域，在不同限制程度的学习环境下为学生提供特殊教育和

相关服务
- 对非障碍领域（第二、第三层次）和障碍领域（特殊教育）进行有针对性的技能缺陷补救
- 更大范围的高素质成年人

接下来我们要深入探讨如何通过实践转型来实现这些成果。

探究实践转型

在与学校协作的过程中，我们发现，当问及"那些已经符合特殊教育资格的学生如何进入干预体系"时，得到的回答往往令人担忧，有时甚至不合逻辑。回复通常分为两类。第一类折射出学校对所有学生的学习承担集体责任的缺失，即"他们已经通过特殊教育服务获得了帮助"或"这是特殊教育的责任"。这些回应暗示解决特殊需要学生的问题是特殊教育团队的责任。毕竟，团队成员要通过个别化教育计划作为提供特殊教育服务时长的证明。他们期望特殊教育团队能够负责进行干预，无论学生是否获得服务资格，或者障碍带来哪些不利影响。

第二类常见的回应是，在核心内容教学期间，将特殊需要学生从主流课堂中抽离出来，接受专门的帮助和相关服务，或者在确定的课堂或年级干预时间内，让学生在进入下一个教学单元之前就当前的教学目标接受有针对性的干预和强化。这样做，最需要服务的学生就错过了初始教学和针对当前教学目标的第一层次干预。此外，年级团队或问题解决团队通常不会讨论特殊需要学生的问题，这方面的讨论会留给特殊教育团队。这一现象引发了两方面的隐忧。首先，这些做法强化了这样一种观念：教育和支持符合特殊教育条件的学生完全是特殊教育的责任。此外，它也限制了这部分学生接触干预体系的高素质教师。当特殊需要学生获得高质量的特殊教育服务，并且有机会接受各个层次（所有专业人员共同支持他们的成长）的干预时，他们才能获得平等的教育，这是缩小差距的最佳途径。（了解针对高风险学生、以结果为导向的讨论方法，参阅第六章。）

在教育工作者共同承担责任的环境中，年级或学科团队会像对待其他在核心教学中遇到困难的学生一样对待符合特殊教育条件的学生。在第一层次中，教师个人收集形成性数据，团队共同分析数据，并讨论哪些教学策略效果良好、哪些效果不佳。团队成员鉴定出需要干预的学生，然后针对当前的教学目标制定计划来进行集体干预或个别化干预。在合作理念深入人心的专业学习共同体中，特殊教育工作者

会以一种有意义的方式融入团队。教师在设计教学时不会忽视特殊需要学生的数据，而是会综合考虑所有学生的数据，并针对不同学生的情况进行讨论，制定出差异化的教学方案。事实上，如果学生能够真正获得所有可用的支持资源，那么多个团队就可以共同讨论他们的需求，并解决以下问题：

- 普通教育课堂教师的教学周期
- 年级团队的数据共享和第一层次干预方案
- 当数据表明学生可能符合第二或第三层次的干预条件时，由问题解决团队负责监测进展情况
- 特殊教育及相关服务团队负责监测个别化教育计划长、短期目标的进展情况

在第七章中，我们提出了一个问题："在所有学生中，我们最需要着力讨论的难道不正是那些学习困难的学生的进展情况，并共同致力解决他们的问题吗？"答案是肯定的！表8.1列出了支持这个观念需要做出的转型。

在第一章中，我们指出，80%~85%符合特殊教育资格的学生并不存在严重的认知障碍，而且他们的障碍与智商没有任何关系。因此，按照我们建议的方式提供干预措施不仅合理，而且有必要成为每个教育体系中不可或缺的组成部分。拒绝给学生提供充分接受干预的机会被认定为教育上的失职行为。此外，对于那些属于低发病率障碍类型的学生，必须进行密切监测，以确定是否需要进行任何层次的干预。对于那些需要在独立自足式的环境中度过大部分时间的学生来说，比如孤独症学生，应该让他们利用某些优势进入限制较少的环境学习。在这种情况下，就要为他们提供与限制较少的环境相匹配的一系列干预措施。

表 8.1　实践途径的一些重要转变

从……	到……
有个别化教育计划的学生在课堂上遇到困难，教师会通知特殊教育个案主管。	教师与年级团队协作，其中包括特殊教育教师，为学生提供支持。
学生在残障领域获得特殊教育的支持。	在解决问题的过程中，团队可能会确定学生需要在残障领域接受第二或第三层次的干预，从而对特殊教育的支持进行补充。
阅读理解有困难的学生在数学目标上也遇到了困难，教师会通知特殊教育个案主管。	根据形成性数据，教师将学生纳入第一层次进行数学干预，如果需要对数据进行审查以确定是否需要纳入第二、三层次进行干预，则将学生转介给问题解决团队。

续表

从……	到……
有个别化教育计划的学生有潜在的技能缺陷，因此特殊教育教师或相关服务人员在核心内容教学期间或在课堂或年级干预时间内将学生从课堂中抽离出来。	让学生继续留在课堂上接受所有核心内容教学，并将其纳入第一层次进行干预。在资源教室时间或其他专门指定时间内，针对学生残障领域的技能缺陷进行干预。
特殊教育教师只与符合特殊教育条件的学生一起工作。	在第一层次的干预时间内，特殊教育教师可以与所有具有相同需求的学生一起工作，不论他们是否符合特殊教育条件。
特殊教育个案主管负责审查特殊需要学生的数据，普通教育教师负责审查普通学生的数据。	协作团队负责审查课堂上所有学生的数据，特殊教育个案主管通过至少每六周审查一次进度监测数据来确定适当的下一步措施，从而维持特殊需要学生的问题解决流程。

我们能行：推进教学工作的关键因素

强化第一层次的核心教学对所有学生都大有裨益。然而，在学生没有掌握知识的情况下，普通教育工作者和特殊教育工作者必须进行协作，为这些学生提供更密集的干预措施。当你与团队一起工作时，请考虑以下关键因素。

- 转变观念，确保所有学生都有机会获得学校提供的所有层次的支持，无论学生是否符合特殊教育条件。
- 投入大量时间和资源，在第一层次建立更健全的教学周期（包括所有特殊教育的独立自足式教室或教学教室）。
- 制定和实施明确的准则和流程，用以评估当地的第二、三层次的干预措施。
- 灵活地调配高素质的专业人员来支持所有学生。

一旦团队坚定地做出这些转变，他们就会开始看到所有学生在稳步发展，从而缩小普通学生和特殊需要学生之间的差距。

结语

我们最大的愿望是,本书不会只出现在特殊教育工作者的手中。普通教育教师、学校支持人员、学校行政人员和学区行政人员必须共同协作。改善特殊需要学生学业的责任不能仅由特殊教育工作者承担,整个教育体系都要承担。根据我们的实践经验,实现这一目标所需做出的文化和结构转型,最好的途径是专业学习共同体下的全员持续协作。然而,学区必须欢迎所有对学生负责的人员加入,让所有教育工作者都能从团队协作期间进行的丰富对话中受益。是时候消除那些将普通教育和特殊教育分离的壁垒了。

我们认识到,本书的概念、建议和规程可能会挑战许多教育工作者原本的认知。但数据显示,大家都同意的一点是,特殊需要学生和普通学生之间仍存在着巨大的成绩差距。这些差距导致了有据可查的特殊需要学生的纵向社会劣势。通过本书,我们试图为读者提供以行动为导向的实践方法,无论你在融合教育发展的哪个阶段,你都可以参考或实施。我们并不认为这项工作很容易。事实上,这条道路荆棘丛生,充满了潜在的障碍,需要我们在前行中不断地反思和解决问题。但如果无所作为的话,便无异于教育失职,只会让学生停留于现状。在我们作为教育工作者共度的 70 年里,鲜有同事会甘愿接受这个结果。

附录 A 可复制使用的材料工具

附录 A 包含本书中提到的许多材料及工具。

访问 go.solution-tree.com/PLCbooks 可免费下载[①]。

[①] 关注"华夏特教"公众号,可获取本书中文版线上资源,包括书中的表格工具及材料。

"三步法"：优先标准筛选流程

"三步法"为教学团队提供了一项制定优先标准的使用策略。

步骤1：个人根据标准进行初步选择。每位团队成员基于道格拉斯·里夫斯（Douglas Reeves，2002）提出的三项标准来初步评估应该优先考虑哪项：（1）持久性；（2）杠杆作用；（3）为下一阶段的学习做好准备。

该标准必须满足以下一项或多项细则：

1. 持久性意味着标准所反映的内容在当前和未来很长一段时间内均很重要。例如，在数学中，对位值这一概念的深刻理解对于小学阶段之后的学生来说仍很重要。这类知识并不是只在某个年级或总结性评估中才需要知道。
2. 杠杆作用是指具有跨课程关联性的学习内容，即在某学科中教授但在另一学科中也能运用的知识。例如，在数学课教给学生单位速率，但在物理课堂上也要运用这个概念来解决问题。
3. 为下一阶段的学习做好准备是指掌握了必备技能。例如，学生在早期识字阶段被教授字母和声音识别，这也是阅读时的重要技能。没掌握这一技能的学生在未来的阅读中会遇到困难（Bailey, Jakicic, & Spiller, 2014, p. 49）。

在分析和讨论了这三项标准之后，每位团队成员需要复审步骤1中制定的单元标准的完整列表，并在10分钟之内确定优先考虑哪些标准。团队成员运用专业知识判断和标记或突出自己认为需要满足的一项或多项标准的要求。沉默的思考时间非常重要，它可以培养个人独立思考的能力，避免从众思维。如果特殊教育工作者教授相关内容，他们应该完全参与整个流程，并且牢记典型的年级水平要求。虽然他们会自然而然地考虑学生当前的差距，但确定优先顺序的流程不应基于个别学生的因素。优先顺序应该基于对所有学生的高要求。

步骤2：制定优先标准的初筛列表。团队就优先标准列表得出初步结论。团队成员通过轮流发言的方式分享他们的个人选择。每位成员首先确定自己选择的优先标准，并解释选择的原因。给出的解释必须包括该选择是如何反映持久性、杠杆作用和为下一阶段的学习做好准备的。团队不希望听到的是，"我选择了这项标准，因为我们已经在这么做了"，或是"对学生来说很容易学"。当每位成员进行分享时，其他成员反馈他们是否标记了该标准，并给出他们的解释和思考。在某项特定标准上完全达成一致不太可能，但如果出现了这种情况，那就值得庆祝！如果情况并非如此，那么接下来的讨论往往会非常热烈且富有启发性。成员们可能会发现以前从未考虑到的关于标准的理解和误解。为了让这次对话富有成效并包容所有人的意见，团队要提前确定将如何处理争议问题。团队可以使用之前制定的行为规范列表来指导这些专业辩论。这个过程会一直持续到全体团队成员都对他们初始的优先标准列表感到满意为止。

步骤3：要求团队审查其他信息来源，以做出最终决定。在这一步中，团队成员需要收集信息，以最终决定学生应该掌握哪些知识和能力。系统地审查本年级前后相邻的年级、跨学科领域及课程标准对于确定纵向一致性十分关键。例如，在审查后续的数学年级标准时，团队可能会发现，为了让学生能够达到下一阶段的学习水平，深刻理解分数除法很重要。如果团队成员优先考虑分数除法，那么他们就朝着纵向统一标准迈出了一步。如果没有，团队则需要考虑是否将该标准增加到优先列表中。尽可能将最初设定的优先标准与前后相邻年级和课程团队进行共享（例如，三年级与二年级、四年级共享），从而适当地确保强有力的纵向一致性。团队可以在线共享优先标准列表，并要求团队成员提供反馈，或者至少让每个年级或每门课程派一名代表参与团队成员的纵向进展讨论，从而推动这一进程。如果整个学校或学区都参与到这个过程中来，那么统一标准环节就会成为独立的步骤，团队需要按年级分析完整的优先列表。当进行较小规模的工作时，这一步骤可能受限于资源而难以完全执行。

团队成员还需要关注从责任评估中获得的信息，例如州年终测试。这些信息可能包括测试蓝图、已发布的评估题目和实践测试，以及其他文件，这部分文件会显示出州评估对不同标准的重视程度。团队成员可以就是否增加其他文件进行考虑，这取决于哪些文件对于指导教育环境中的教学与学习有实际意义。

来源：Bailey, K., Jakicic, C., & Spiller, J. (2014). *Collaborating for success with the Common Core: A toolkit for Professional Learning Communities at Work*. Bloomington, IN: Solution Tree Press;

Reeves, D. (2002). *The leader's guide to standards: A blueprint for educational equity and excellence*. San Francisco: Jossey-Bass.

拆解文件

"拆解文件"表格为教学团队提供了拆解流程的每个步骤。我们发现，大多数团队都会重新创建该文件电子版，以便他们在完成流程后更容易调整信息内容。

标准：				
学生将要做什么（技能或动词）	使用什么知识或概念	思维水平或评估类型	词汇	支架或支持设施
学习进程：				

基于标准的个别化教育计划核心目标附件

该工具可用于根据年级标准和评估的障碍领域来确定符合标准的个别化教育计划目标。详情请参见第七章。

按照这些指示来评估障碍领域,并计划下一步行动。

1. 在"标准"栏中,确定评估的标准。每行列出一项标准。
2. 在"学生的熟练程度"栏中,利用评估数据来明确障碍领域和符合资格情况。
3. 在"教学计划"栏中,利用"学生的熟练程度"栏中的数据来指导计划。在没有评估为缺陷的情况下,表明教学将按照为普通学生计划的学习进程来进行。在评估为缺陷和符合资格的情况下,制定个别化教育计划目标,以合理的进程来处理技能缺陷,使学生达到符合年级水平的熟练程度,并确定进展监测方法,从而以形成性评估的方式测量学生的进展。

标准	学生的熟练程度	教学计划

核心内容领域

标准	学生的熟练程度	教学计划

个别问题解决的讨论指南

该工具可用于针对符合个别化教育计划资格和参与普通教育干预的学生进行关于该生进展的核心团队讨论。详情请参见第七章。

学生：_____　　年级：_____

教师：_____　　讨论日期：_____

核心内容领域：_____　　数据审查日期：从今天起六至八周

在该内容领域，学生当前的水平（规范性数据、特定目标数据和进展监测数据）。

关于学生在该内容或技能领域的情况：

1. 我们希望学生知道什么、能够做到什么？

2. 我们如何得知学生已经掌握了这项技能或这些技能？什么样的成绩会向我们证明这一点？利用特定的数据指标。

3. 为了帮助学生达到问题 1 和 2 中列出的目标，我们还需要了解什么？有哪些可用的诊断工具？

4. 我们在教学上要做些什么来确保学生达到问题 1 和 2 中列出的目标？

（第 1 页／共 2 页）

计划实施事项的组织工作	
实施者	
天数或次数	
地点	
每周进展监测 ・我们将采取哪些措施？ ・我们还将使用哪些工具？ ・由谁来输入数据？	

附录 B 术语表

《州立共同核心标准》（Common Core State Standards, CCSS）。

共同核心是一套关于数学和英语语言艺术／读写的高质量学术标准。这些学习目标概述了一名学生在每个年级结束时应该知道和能够做到的内容。制定这些标准是为了确保所有高中毕业的学生都具备在大学、职业和生活中取得成功所必需的技能和知识，无论他们身居何处。（NGA & CCSSO, n.d.a）

共同形成性评估。在一个学习单元、学期或学年中，对同一年级或课程的全体学生执行的学习评估。参与的教师以协作的方式设计题目，并在协作团队中分析成绩，从而达到差异化教学的目的。（Ainsworth & Viegut, 2006）

差异模型。智商差异模型为：

用于确定一名学生是否具有学习障碍和是否需要特殊教育服务的传统方法。差异模型以正态曲线的概念为基础，评估学生在一般智力的个别化测试，即智商测试，如韦氏儿童智力量表第四版（WISC-IV）中的成绩与他／她在一个或多个学术成就领域，如伍德科克－约翰逊成就测验（Woodcock-Johnson Achievement Test）中获得的分数之间是否存在实质性差异。利用智商成绩差异来确定学生具有学习障碍的公认准则是至少两项标准偏差（30分）的差异。（IRIS Center, 2015）

形成性评估。收集有关学生学习当前教学目标的信息的评估。通过利用形成性评估，教师检查学生在学习过程中的学习情况，以便在教学进行期间为那些尚未进行概念学习的学生提供额外的时间和支持（Bailey et al., 2014）。

专业学习共同体的四个关键问题。指导专业学习共同体（PLC）协作的问题为：

（1）我们希望学生掌握哪些内容？（2）我们如何判断学生已经掌握了？（3）当部分学生没掌握的时候，我们要如何应对？（4）当部分学生提前掌握了某项知识时，我们要如何丰富和扩展他们的学习内容？（DuFour, DuFour, & Eaker, 2008, pp.183-184）

有保障且可行的课程。有保障是指为每名学生提供学习核心课程的机会，使其有可能在学校里获得成功。**可行**是指学校确保提供必要的时间，以便学生能够学习有保障的课程（Marzano, 2003）。

《残疾人教育法》（IDEA）。1975年，美国国会通过《残障儿童普及教育法案》（Education for All Handicapped Children Act, Public Law 94-142），保障了美国各州为残疾儿童提供免费、适当的公共教育。1997年修订后，该法案成为《残疾人教育法》。2004年12月再次修订，并于2006年8月（针对学龄儿童的B部分）和2011年9月（针对婴幼儿的C部分）发布了相关规定。

学习目标。学习的增量，即学习知识或概念和培养技能，彼此相辅相成，最终达到标准要求。换言之，学习目标是指学生在教学结束时表现出来的**知道**、**理解**和**能够做到**的内容（Bailey et al., 2014）。

专业学习共同体（Professional Learning Community, PLC）。"这是一个持续进行的过程。在这个过程中，教育工作者在反复的集体调查和行动研究周期中协同工作，帮助他们所服务的学生提高成绩。"（DuFour et al., 2010, p. 11）

干预措施金字塔。一种多层次的干预系统，其中：

这项全校范围的计划确保每门课程或每个年级的每名学生只要在获得基本知识和技能方面遇到困难，都会得到额外的学习时间和支持。这种干预在上学期间进行，学生被要求而不是被邀请投入额外的时间并获得额外的学习指导。干预系统意味着为学生提供这种支持是全校的集体责任，而不是个别教师的个人责任。（DuFour et al., 2010, pp. 99-100）

支架式教学。一个支持学生处理任务或实现目标的过程，在没有援助的情况下，他们通常无法处理这些事项（Wood, Bruner, & Ross, 1976）。

学校文化。"构成学校规范并指导校内教育工作者工作的假设、信念、价值观和惯常行为。"（DuFour et al., 2008, p. 21）

标准或学习标准或短期目标。对学生在教育的特定阶段应该知道什么和能够做到什么的书面描述。学习标准描述了教育的短期目标，例如：学生在一门课程、一个年级或年级跨度结束时应该学到什么，但没有描述任何特定的教学实践、课程或评估方法。

特殊需要学生。贯穿全书的术语，用以描述有资格通过个别化教育计划获得特殊教育服务的学生。以下术语经常交替用来描述特殊需要学生：**特殊教育学生、符合个别化教育计划资格的学生、拥有个别化教育计划的学生、经鉴定的特殊需要学生、符合特殊教育资格的学生**和**残疾学生**。

总结性评估。衡量在教师完成教学之后学生对所学知识的掌握程度的评估（Bailey et al., 2014）。需要注意的是，任何给定的评估是总结性的还是形成性的，取决于其用途。如果从评估中获得的关于学生学习情况的证据用于为学生提供额外的时间和支持，那么更具总结性的评估也可以以更具形成性的方式进行使用。

专业学习共同体的三大理念。指导专业学习共同体的理念：

（1）我们学校的宗旨是确保全体学生都能达到较高的学习水平；（2）帮助全体学生学习需要齐心协力的集体努力；（3）为了评估我们在帮助全体学生学习方面的有效性，我们必须关注成果——即关于学生学习情况的证据，用这些成果来指导和改进我们的专业实践，并对那些需要干预或改进的学生做出回应。（DuFour et al., 2010, p. 14）

第一层次。在一个健全的教学周期中，为所有与当前课堂教学目标密切相关的学生提供干预。这一层次代表了学校的核心教学计划（DuFour, 2015）。

第二层次。除了第一层次之外，还为一些表现出难以掌握多个年级目标或表现出潜在技能缺陷的学生提供了更多的时间和干预强度，这两种情况都会阻碍他们表现出符合年级水平的熟练程度。这一层次的目标是获取成功进入下个学年及以后所需的技能和知识（DuFour, 2015）。

第三层次。提供给少数学生，以解决影响跨学科领域学习的潜在技能缺陷（由额外的诊断所确定）。第三层次侧重于发展只能长时间形成的通用学习技能。这些服务必须在学生获得基本年级课程的基础上提供，而不是取代之（DuFour, 2015）。这种支持层次的准则由当地规定。第三层次对每名学生来说都具有特殊性，由个人问题解决过程所驱动。

拆解。一种使协作团队能够"就标准中包含的具体学习目标达成集体明确和一致"的策略（Bailey & Jakicic, 2012, p. 79）。第四章中详细讨论了这一策略。我们使用了"拆解"这一术语[①]。

[①] 译注：原文中"unpacking"和"unwrapping"在汉语里同译为"拆解"。

关于作者

希瑟·弗里泽尔（Heather Friziellie）是伊利诺伊州布法罗格罗夫市的基尔迪尔乡村社区融合学校第96学区的教育服务处主任。她曾担任小学和中学校长。作为一名领导，她参与了读写课程开发、数据分析和教师培训等工作。希瑟有作为行政人员、课程专家和课程教师的工作经验，曾在美国各地区进行过咨询服务，也在全国性会议上发表过演讲。各个层面的教育工作者皆受益于她在培养高效团队、数据驱动决策、应对干预和读写教学方面的见解和经验。她在伊利诺伊州获得过学校行政人员类别的"卓越人士奖"。

希瑟已获得课程与教学硕士学位、学校行政管理方面的资格证书，以及小学教育学士学位。目前她正在攻读博士学位。她的个人主页是：www.kcsd96.org 和 http://edservicessccoop.blogspot.com。

朱莉·A. 施密特（Julie A. Schmidt）是伊利诺伊州布法罗格罗夫市的基尔迪尔乡村社区融合学校第96学区的学校主管。该学区于2000年开始其专业学习共同体之旅，至今仍专注于这项工作，并被认可为"一切向专业学习共同体看齐"。第96学区的这些学校曾斩获五项"美国教育部蓝带卓越奖"，其中三项是在朱莉本人担任主管期间获得的。在超过26年的教育生涯中，朱莉担任过主管、副主管、高中学生服务处主任、学校心理学家、主管助理以及从幼儿园到高中的特殊教育副主任。目前她继续在美国各地的小学和中学工作。作为一位受人尊敬的演讲者和推动者，朱莉专注于应对干预、领导力和变革，以及在组织内各个层面实施专业学习共同体的实践。她也是 Solution Tree 出版社的全国专业学习共同体顾问委员会成员。

朱莉在高中任职期间分别获得了"校长卓越奖"和"行政管理卓越奖"。作为伊利诺伊州学校行政管理者协会的一员，朱莉任职于三个州级委员会：伊利诺伊州平衡问责制委员会、专业发展委员会和愿景 20/20 委员会（Vision 20/20）。她被提名并当选为郊区学校主管之一，其中当选主管的成员在全美不超过 150 人。她还担任了湖县教育主管专业发展委员会主席和杰出学习者协作组织执行委员会主席，第 96 学区是该组织的创始成员。

朱莉曾在得克萨斯州圣安东尼奥市（San Antonio, Texas）的圣玛丽大学（St. Mary's University）获得学士学位，以及在得克萨斯州圣马科斯市的西南得克萨斯州立大学（现为得克萨斯州立大学）获得硕士学位和专业学位。她同时在罗斯福大学和北伊利诺伊大学完成了博士课程。

珍妮·斯皮勒（Jeanne Spiller）是伊利诺伊州布法罗格罗夫市的基尔迪尔乡村社区融合学校第 96 学区负责教学的副主管。她的工作重点是实施符合标准的教学方案和评估实践。她为许多学校、学区和教师团队指导了拆解、完善、扩展和调整标准的过程。她热衷于与学校协作，开发以学生成绩为核心的教学系统，并帮助老师确定如何进行教学，使全体学生都能达到较高的学习水平。

珍妮曾担任过班级教师、建设开发人员、团队领导和中学副校长。她是"向前学习（Learning Forward）"伊利诺伊州分支机构的前任主席，并担任其董事会成员。

珍妮拥有圣泽维尔大学的教育教学与领导力硕士学位，以及芝加哥洛约拉大学的教育管理硕士学位，并获得了北伊利诺伊大学的教育管理主管资格证书。

Yes We Can!:General and Special Educators Collaborating in a Professional Learning Community by Heather Friziellie, Julie A. Schmidt, Jeanne Spiller

Copyright @2016 by Solution Tree Press

Permission for this edition was arranged through Solution Tree.

版权所有，翻印必究

禁止将本书内容用于人工智能训练，违者必究。

北京市版权局著作权合同登记号：图字 01-2024-2648 号

图书在版编目（CIP）数据

融合教育中的教师协作：专业学习共同体（PLC）教学实践 /(美) 希瑟·弗里泽尔 (Heather Friziellie), (美) 朱莉·A.施密特（Julie A. Schmidt）,(美) 珍妮·斯皮勒 (Jeanne Spiller) 著；覃志慧译. -- 北京：华夏出版社有限公司, 2025. -- (融合教育实践系列). -- ISBN 978-7-5222-0060-6

Ⅰ.G76

中国国家版本馆 CIP 数据核字第 2025M9P058 号

融合教育中的教师协作：专业学习共同体（PLC）教学实践

作　　者	［美］希瑟·弗里泽尔　　［美］朱莉·A.施密特
	［美］珍妮·斯皮勒
译　　者	覃志慧
责任编辑	马佳琪
出版发行	华夏出版社有限公司
经　　销	新华书店
印　　装	三河市少明印务有限公司
版　　次	2025 年 10 月北京第 1 版　　2025 年 10 月北京第 1 次印刷
开　　本	787×1029　　1/16 开
印　　张	7.25
字　　数	120 千字
定　　价	49.00 元

华夏出版社有限公司 　地址：北京市东直门外香河园北里 4 号　　邮编：100028
网址：www.hxph.com.cn　　电话：（010）64663331（转）
若发现本版图书有印装质量问题，请与我社营销中心联系调换。